ERROR-FREE

DECISION

邱强

著

零错误决策

快速提升企业与
个人竞争力

海天出版社
HAITIAN PUBLISHING HOUSE

·深 圳·

图书在版编目（CIP）数据

零错误决策：快速提升企业与个人竞争力 / 邱强著
. -- 深圳：海天出版社，2022.10
　ISBN 978-7-5507-3573-6

　Ⅰ.①零… Ⅱ.①邱… Ⅲ.①企业管理－通俗读物
Ⅳ.① F272-49

　中国版本图书馆 CIP 数据核字 (2022) 第 128134 号

零错误决策：快速提升企业与个人竞争力
LINGCUOWU JUECE: KUAISU TISHENG QIYE YU GEREN JINGZHENGLI

出 品 人　聂雄前
责任编辑　雷　阳
责任校对　万妮霞
责任技编　郑　欢
装帧设计　知行格致

出版发行　海天出版社
地　　址　深圳市彩田南路海天综合大厦 （518033）
网　　址　www.htph.com.cn
订购电话　0755-83460239（邮购、团购）
设计制作　深圳市知行格致文化传播有限公司
印　　刷　深圳市华信图文印务有限公司
开　　本　787mm×1092mm 1/16
印　　张　19
字　　数　221 千字
版　　次　2022 年 10 月第 1 版
印　　次　2022 年 10 月第 1 次
定　　价　58.00 元

前言
什么是零错误决策？

这是零错误理论指导下关于决策的入门书，从英文版《零错误决策》中精选翻译而成。

零错误是以大数据为主，涉及反向归纳、正向突破的学问，包含做决策、解决问题、制定和遵守规范、零错误操作等。什么是零错误决策？我们认为，零错误决策就是没有错误的决策。从这个定义来看，零错误决策就是好决策，这是大家都需要的一门重要课程。

很多年前，我和本书的编写团队打算写一本关于零错误决策的书。我们希望这本书不会充满难以理解的数学，也不至于简单到对读者没有帮助，但是因故没有完成。如今，在新冠肺炎疫情全球蔓延之际，我们终于对探讨的主题、案例和技术层面的呈现达成了共识。

我们还发现，疫情危机让人们相比于过去更迫切需要零错误决策。

为什么这样说？因为我们看到在这次事件中，每个国家采取的防疫政策不同，导致死亡与确诊人数天差地别。有些国家在第一时间采取严格的防控政策，也有些国家太快解除封控，造成疫情复发。结果，错误的防疫政策带来众多人员死亡与经济萧条。这告诉我们，不管是国家政策，还是个人生活，零错误决策都与我们息息相关。尤其现代社会瞬息万变，人们需要在动荡之下做决策。不论面对机会，还是迫在眉睫的威胁，拥有一套零错误决策技能都很重要。

因此，我们决定以商业与个人生活案例来详细说明零错误决策方法，并努力让这本书在理论和实用性之间取得平衡，希望每个不想在事业和个人生活中犯错的商业与专业人士都能阅读这本书，也希望大众读者能从这本书中得到收获。

市面上很多决策类图书强调做出好决策的方法或成功案例。不过，每一个好的决策都是在不同的时空背景下产生的，鲜少重复。因此在特定的时空背景下，并不能复制相同的方法来做出好决策。但是如果运用反向归纳找出决策失效的共同点，就不会受到时空背景差异的影响。根据我们的经验，成功很难复制，因为背景不同，做出好决策的方法也不同。不过，做出成功决策的人都有一个共同点，那就是避免与决策相关的错误。因为这样的错误类型只有几种，所以只要避免错误，就更容易成功。零错误决策是个不论时空、背景、文化，大小企业和个人都适用的新技术。

反向归纳、正向突破

我们的零错误成功学来自 8 万多个错误数据的反向归纳，这些数据大部分是顾客提供给我们的，而且是用钱也买不到的宝贵经验，还有很多是我们公司实际参与的案例。此外，我们还加入了一些大众熟悉的历史和现代案例来强化我们的论述。这些案例很多少有人知，都是用血汗和失败换来的无价之宝。因为有这么多独特的错误数据，让我们可以用大数据分析找到错误的共通性，进而找出避免错误、取得成功的方法。所以零错误是成功学中唯一在不同时空背景下都可以沿用的新技术。

一般人并不清楚反向归纳、正向突破的重要性，我也是逐渐摸索出来的。17岁参加联考时，我第一次误打误撞地使用反向归纳、正向突破方法。那时，考不上大学感觉人生就失败了。但是高中三年我玩了两年半，成绩在班上垫底，书都不知道丢到哪里去了。在即将参加联考的紧要关头，我发现快速拿到高分的唯一方法就是弄懂大家平常考试都写错的题目，而不是钻研自己不懂的题目。就这样，我在考前花了三个月就侥幸考进了台湾清华大学。

在清华念书时，我也用同样的学习方法。我问教授过去学长学姐最常犯错的地方，我经常跟老师讨论这些难题，并试着找出答案。不过，直到我进入麻省理工学院，指导教授告诉我反向归纳、正向突破是麻省理工人常用来突破科技的捷径，我才惊觉这个方法的重要性。所以通过博士资格考试后，当教授问我要研究什么题目时，我用反向归纳的方法，找出当时核电站最大的问题，即安全保护系统。这套系统因为当时没有电子化，所以运行速度慢且不够精准，不但使核电站的发电功率达不到高标准，还造成很多事故。

该如何正面突破呢？我决定快速开发一套模拟热传导和中子分

布的软件系统，安装在核电站的计算机中，保护核电站的安全和提升发电功率，我同时进行相关实验，验证这套模拟系统的准确性。这套模拟系统让我得到了核能工程系和机械工程系所有教授的认可，得以用八个月时间拿到了麻省理工学院核能工程和机械工程双博士学位。两年后，这套系统就用在当时最新的核电站里。

初入社会工作时，我与零错误公司的同事们调查事故，处理危机。久而久之发现导致危机发生的原因可以归纳成几个容易理解的重要方向，从而创建了零错误体系。这又是反向归纳、正向突破促成的新技术。

比尔·盖茨（Bill Gates）说过："所有成功公司的关键就在于能从错误中学习，并不断改良产品。"华特·迪士尼（Walt Disney）则曾因为合同问题，失去了第一部动画片的版权，但也因此走上了另一条路，成功创造了风靡全球的米老鼠。从这些知名企业家的经验可以发现，只要能从他人的错误决策中学习到预防的方法，就可以避免自己走很多弯路。

本书章节安排

在本书中，我们使用反向归纳、正向突破的方法来带你了解零错误决策的概念。从反向归纳来看，我们先检查所有导致失策错误和无决策错误的失效模式。从正向突破来看，我们从这些失效模式中开发出 10+1 零错误决策法则。我们发现，公司里的员工只要能遵守 10+1 法则，就可以避免所有与失策错误和无决策错误有关的失效模式。

本书共分成三个部分。第一部分介绍零错误决策的概念问题：

其中，第一章说明成为"零错误决策者"的迫切性。简而言之，这个快速变迁的世界充满机器人和人工智能，不需要决策的例行性工作正在消失，非例行性工作正在增加。同时，随着网络科技的应用发展，信息越来越多。快速生活方式带来的压力和时间紧迫性会干扰人们的判断能力。因此，我们比过去更需要零错误决策的技能。

第二章介绍作为与不作为的概念。如果对需要做决策的情况不敏感，我们犯下无决策错误的后果将比失策错误严重。这两种错误就是所谓的决策相关错误。

第三章讨论失效模式来预防决策错误。失效模式可以视作决策错误的原因。本章归纳出几个最常发生的失效模式，这些失效模式就是决策失效树，每一项决策都是它的枝干。从决策失效树可以看到整体的大观念。

第二部分针对不同错误情境来介绍零错误决策：

其中，第四章介绍不当的心态。不当的心态是做决策时犯错的原因之一，不但会增加决策错误的可能性，有时甚至会导致严重错误。本章会分别探讨导致失策错误与无决策错误的不当心态。

第五章介绍情况警觉错误，这只会出现在无决策错误里，原因出在不知道需要做决策。这种错误在普通人身上很常见。我们会介绍四种需要做决策的情境，包括内部优势、内部弱点、外部机会、外部威胁。

第六章介绍决策启动错误。这种错误是没有在正确的决策时机启动决策，决策时间不是太早就是太迟。早了，判断的信息往往不够充分周全；迟了，面对的危机可能已经变成灾难。

第七章介绍目标策略不一致的错误。我们发现许多失策错误大都是因为决策目标与商业目标不一致。做完决策接下来怎么做，目标策略关乎为什么做和做什么。如果不知道为什么做或不知道做什么，就去讨论怎么做，会本末倒置。

第八章介绍信息错误。这种错误在商业上造成的事故比决策错误更多，影响层面包含失策错误与无决策错误。做决策时，我们搜集、确认并分析信息，在这个过程中，我们会犯错。本章教大家如何运用审查、验证、核实这一系列方法来确认信息是否正确。同时，我们也会运用信息分析方法来检视过去的事件，以及预测未来的事件。

第九章介绍预测错误。这种类型的错误通常发生在需要推测的决策上。我们首先导入不同的预测模块，接着讨论错误如何发生，以及如何避免预测错误。

第十章介绍选项形成错误。这种错误的结果会导致无法产生好选项。我们提出四种实际方法，集结起来便可以预防选项形成错误。

第十一章介绍选项选择错误。这种错误的结果是选到不好的选项来执行。我们精选三种选项选择的方法，只要一一套用，便可以预防选项选择错误。

第十二章介绍风险管理错误。这种类型的错误会导致意外的决策风险。首先会说明辨别和管理决策风险的方法，然后提出计算风险的方法，用来判断风险的大小。

第十三章介绍质量检查错误。我们会探讨在做决策时，如何随时确认决策错误，并通过独立审查员和检查清单来独立审视决策。拥有良好的自我检查和独立审视能力，可以避免质量检查错误。

第十四章介绍后续管理错误。探讨做出决策之后常见的执行计划错误。拟定良好的执行计划，才能避免后续管理错误。

在新冠肺炎疫情下，有很多企业与个人遭遇问题，第三部分介绍危机下的零错误决策。其中，第十五章特别说明如何通过改善决策来持续改进业务。我们会纵观10+1零错误决策法则，也分享10+1法则的管理流程，以便使"零错误决策"成为全体员工的习惯。同时，我们强调培训、量化，以及让员工对零错误决策负起责任的必要性。此外，本章还总结如何在危机或压力下做出更好的决策。

第十六章涵盖个人决策的相关错误。我们会分析生活中出现个人决策错误的情况。因为每个人的性格不同，所以个人决策错误容易受到个性影响。不同性格会造成不同类型的决策错误。要确保个人生活的成功，就必须甩开过度自信和不知道自己无知的问题。

最后，在后记中，我们希望读者回想自己的收获。每位读者觉得有趣的地方可能和其他人不同，也会有不同的收获。我们鼓励读者开始思考零错误的概念，并运用书中的零错误决策技巧。

希望各位在读完这本书之后，可以了解什么是决策错误、决策错误的原因，以及如何预防决策错误的实际技巧，每个人都能成为零错误决策者。随着世界越来越复杂和信息真假难辨，成为零错误决策者会是件幸福的事。人生的错误会影响快乐和成功，不管在职场，还是生活中，如果能通过零错误决策来避免人生中的错误，就可以持续打造自己期望的人生蓝图。

邱强

于美国圣迭戈

2020 年 6 月 10 日

CONTENTS **目 录**

PART 1　诊断决策错误

PART 2　10+1 零错误决策法则

PART 3　危机下的零错误决策

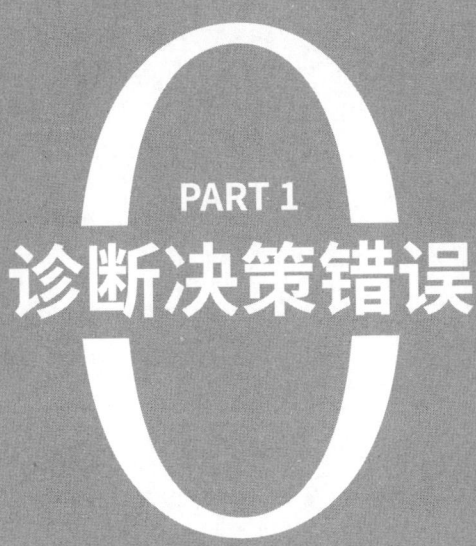

PART 1

诊断决策错误

第一章

零错误决策急诊室

我们希望每个人都能进入零错误区，在这个区域里，人们犯的错误比较少，个人更具竞争力，更富有和更健康快乐。

1982 年，美国强生公司的止痛药泰诺被人放进有毒的氰化物，在芝加哥地区造成 7 人死亡。强生公司立即将 3000 多万瓶泰诺下架。然后利用这次危机重新设计有防盗功能的药瓶，防止消费者受害。因为强生公司迅速采取了补救措施，所以反而赢得消费者的赞誉。这是化危机为转机的经典案例。在生活上或是职场上，我们偶尔会遇到需要做决策的时刻，尤其在危机发生时，做出正确的决策更为关键。

决策相关错误

在进入本书的重点以前，先来说明几个常见名词，这些名词对于接下来的讨论很有帮助。

第一个名词是"错误"。什么是错误？这是指造成难以挽救的负面结果的不当行为。若结果还可以挽救，那么这样的不当行为只能称作虚惊一场，并不算是错误。

第二个名词是"决策"。这是指做抉择时的思考过程。决策错误分为失策错误（即做决策错误）以及无决策错误。失策错误指的是做抉择的过程出现错误，无决策错误指的是没有意识到需要做决策。无决策像是一个无影无踪的杀手，常带来比失策更严重的后果。

为什么要清楚区分这两者的不同？因为这两者虽然都是决策失效，但失效的原因并不同，所以在制定防范措施上也不同。了解一个人犯下的是失策错误，还是无决策错误，才可以对症下药，避免重蹈覆辙。

本书主要讨论决策相关错误，不过在企业界中还有其他错误，如违规错误、粗心犯错，或是把流程写错。这在《零错误思维》一书中有更详细的介绍。

决策相关错误可能导致决策事故。如果出现决策事故，不仅会无法达成预期目标，还会导致严重后果。举例来说，在 2011 年的福岛核事故中，福岛核电站虽然参照过去 100 年最高的海啸高度，并在此基础上加高，建造了 5.7 米的防水墙，却还是无法抵挡破纪录的 13 米高的海啸。这就是决策事故的案例。不过，没有造成事故并不表示完全没有决策相关错误。

过去 30 多年来，零错误公司发现，在不同的情况下，不同的人很难用同一种模式取得成功。因为时势背景、当下考量的选项、人格特质和思维过程都有差异，因此很难找到确保好决策的普遍方法。然而，成功的案例都有一个共同点，那就是成功的人比较少犯错。

从定义来看，成功的人之所以成功，必然是达到了预期的目标。由此可以推论，在达到目标的过程中，并没有因为犯下过多的错误而失败。所以对我们而言，成功的关键并非模仿成功人士，而是去探讨这些人究竟如何避开错误，进而获得成功。我们发现决策相关错误的类型和成因很相似，只要了解错误的类型和成因，就可以避免决策相关错误。

什么是危机？

危机是一种暂时的但一直在变化的情况，如果没有及时处理，可能会造成无法挽救的后果。举例来说，一个国家可能会面临新冠肺炎爆发的公共卫生危机；一家企业可能经营僵化，导致业绩下滑；一个人可能面临职业生涯选择的关键时刻。

危机有好有坏。好的危机指的是机会或特别好的条件，例如产业优势。坏的危机指的是出现威胁或特别不好的情况，例如有问题或产业不景气。整体来说，如果有好的决策，好的危机就会带来利益，坏的危机也可以变成转机，进而带来利益。然而，无论危机好坏，一旦做出不好的决策，都可能导致全盘皆输的后果。

举例来说，在全球新冠肺炎疫情肆虐的情况下，宝洁公司发布财报称 2020 财年销售业绩较上年增长 5%，是自 2006 年以来最大幅度的增长，因为清洁剂、肥皂和洗涤剂的需求推动美国市场的增长。宝洁公司把握住这次全球危机的机会，股价涨势凶猛。

过去也有很多类似的例子。例如 1993 年出现超过 50 起百事可乐被下毒事件，引起消费者拒喝的危机。在事件发生的第一时间，百事可乐立即否认在生产饮料的过程中出现任何差错，并与美国食品药品监督管理局合作，证明生产过程中没有任何失误。百事可乐通过 4 支影片向消费者展示生产罐装饮料的过程，以及出于产品安全考量如何精心控制生产质量。最后，在美国联邦调查局的帮助下，消费者才发现这是一起有预谋的犯罪。在这次危机中，百事可乐因为实时的危机管理而受到消费者广泛好评。

身处危机的当下很难做出好决策，因为有时间紧迫性和压力，无法获得周全的信息。为了应对快速变化的形势，必须在有限的时间内集结所需的资源。虽然在危机中做决策很困难，但这些决策却可能影响深远，而且不可逆转，一不小心就会变成难以收拾的灾难。

因为危机中的决策相关错误会带来不堪设想的后果，而且错误率高于一般情况，所以本书也会谈到预防危机决策错误的方法。

每天避免一个决策相关错误

根据我们的观察与调查结果，发现对一般人和小型企业的领导者来说，一天大致要做出 7 个决定。平均而言，在这 7 个决定里，人们会根据不可避免的条件做出 4 个决定，像是快到午餐时间时决定去哪里吃午餐，或是伴侣生日快到时决定要买什么礼物，这些决定是因外部需求而启动。人们也会因为意识到未来的情况，为了避免损失，主动做出 3 个决定，像是决定参加在线培训来增强竞争力，或是为了减少浪费来简化业务流程，这些决定是由自我意识发起的。平均来说，每个人一天会犯至少一个决策相关错误。有 60% 的概率犯下无决策错误和 40% 的概率犯下失策错误。其中有些决策错误会造成不可挽救的严重后果。我们研究发现，企业和人生的失败都是因为犯下决策相关错误，如果决策者少犯一个错误，这些失败就不会发生。

为何现在要讨论这个问题?

或许你会问:为什么要在这时出版这本书?

首先,当前没有任何图书或文献能依据 2 万多个真实决策错误案例进行大数据反向归纳与正向突破的分析,并完全着重在决策相关错误上。这 2 万多个决策错误案例是从零错误 8 万多个数据中挑选出来的。其次,需要决策的工作(指非例行性工作)正在逐渐增加。这表示做出好决策对非例行性工作来说越来越重要。加上员工的受雇期正在缩短,表示人们比以前更频繁地做出换工作的决定。最后,决策错误正在快速增长。

就以几个数字来说明这个现象。图 1-1 是美国 1975 到 2015 年非例行性工作与例行性工作的占比图。非例行性工作指的是需要做

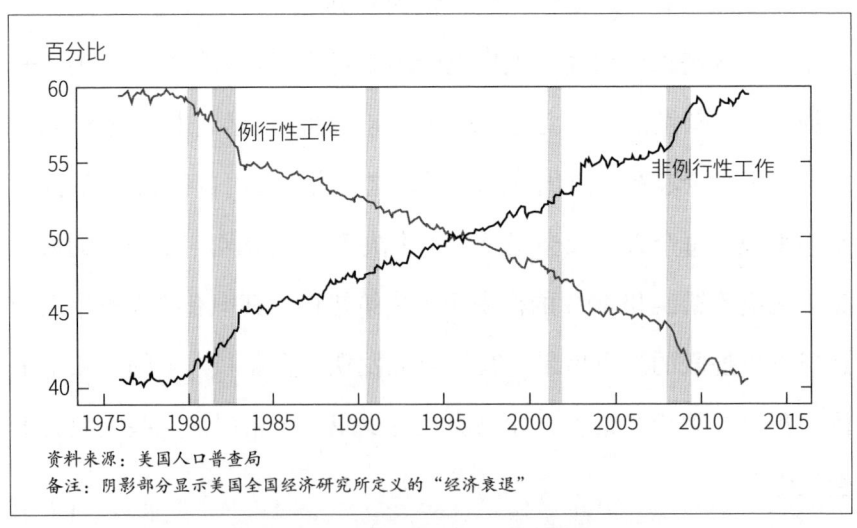

图 1-1　非例行性工作越来越多

决策的工作，如软件工程师的工作；例行性工作指的是不需要做太多决策的工作，如餐厅服务生、文书等的工作。可以发现，非例行性工作与例行性工作呈现趋势反转现象，在未来的职场，例行性工作只会越来越少，每个人有非常高的概率要做非例行性工作。在这样的情况下，做决策如何才能不出错就很关键了。图1-2是员工受雇期的简图，横轴和纵轴分别代表员工的出生年代和工龄。例如，1993年出生的员工，平均受雇期只有约1年。1951年出生的员工，平均受雇期约为10年。抛开年龄不谈，员工受雇期有逐渐缩短的趋势。这表示人们越来越频繁地换工作，造成这种现象的原因是，员工不是找到了新工作，就是被炒鱿鱼。这表示大家比过去更需要做出换工作的决定。

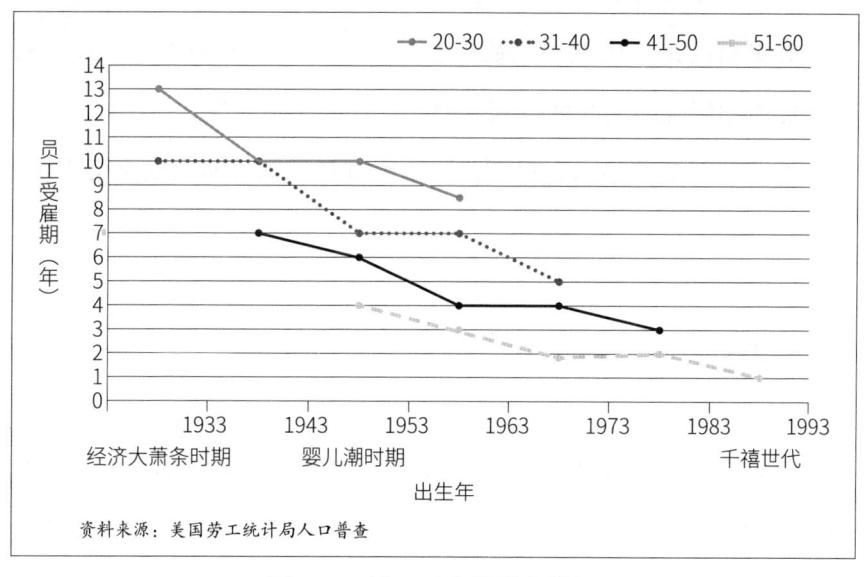

图1-2 员工受雇期越来越短

换工作谈何容易？怎么判断何时换工作、换什么工作，以及如何谈到好的薪资，这些在换工作前都需要慎重考虑。而这每个环节都需要做决策。

除了需要做决策的情况有所增加外，还有一些数字可以证明决策事故的比例有增加的趋势，例如：

1. 过去 100 年来，拥有稳定法律制度的美国和英国监狱内人数增加，表示违反法律、做出错误决策的人数显著上升。

2. 业界变化快速，标准普尔 500 指数公司的 CEO 任期大幅缩短，表示导致 CEO 下台的错误决策正在增加。

3. 过去 40 年来，美国的自杀人数显著上升。这个趋势代表社会压力明显增加。结果就是，人们感觉走投无路时，便会做出错误决策。

4. 接触非法药物的人数显著上升。

5. 更糟的是，虚假信息数量显著上升。现代人必须一一查证从社交媒体和传统新闻媒体得到的信息，才能避免受骗。

这些资料全都暗示着我们，周遭每时每刻都可能出现决策错误。

零错误区

从我们的角度来看，我们希望每个人都能进入零错误区。在这个区域里，人们犯的错误比在区域外的人要少。随着时间的流逝，处在零错误区的人会更具竞争力，也会更富有和更健康快乐。

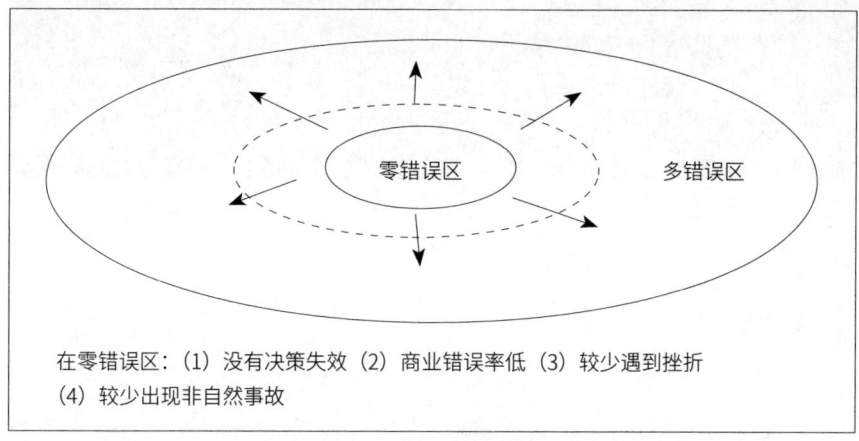

在零错误区：（1）没有决策失效（2）商业错误率低（3）较少遇到挫折
（4）较少出现非自然事故

图 1-3　零错误区

　　这样的话，区域外部的人都会希望进入内部，使这个区域逐渐扩大，就如同图 1-3 所示。可以想见，在这样的良性循环下，全世界都会处在零错误区里，未来的世界将会变得更加美好。

> 每做对一个决策，就像账户中多了一笔钱，每做错一个决策，就像账户中少了一笔钱。久而久之，就出现富人与穷人的差别。

本章练习

＊ 你今天一共做了几个决策？

＊ 请问"决策"与"无决策"的定义是什么？

＊ 你是否曾因为决策相关错误，在生活或工作中遇到挫折？

第二章

决策相关错误

避免决策相关错误，可以帮助企业与个人更加成功。

过去 30 多年来，我和零错误公司的同事们参与调查上千件人为错误的相关事故、意外或灾难事件。有些事件在我们心中留下深刻印象，如三里岛事件和切尔诺贝利事件，让我们对核灾难有了更深刻的认识；而得州农工大学营火倒塌、密西西比州脚手架坍塌、堪萨斯州电力设施爆炸等意外，则让我们了解到错误的决策如何造成意外工伤。另外，安然公司破产和西班牙金融危机，让我们了解了商业界常犯的错误。

30 多年来，我们除了研究重大事故，也协助 1000 多家企业和组织降低决策错误率。我们经常针对每一个项目搜集分析上百件与人为错误有关的企业个案，并针对每一家公司进行深度探究，将取得的信息汇总起来，利用大数据进行分析，让我们更深入了解造成错误的共同原因，以及预防犯错的方法。我们也从文献和人类文明史中分析出约 2600 个历史事件和企业失败的案例，累计搜集 80070 个因错误导致的案例，包括事故、意外、灾难等。

2002 年，我们已经从决策相关错误导致的事件中得到许多经验。我很犹豫要不要针对决策相关错误的预防工作进行全面研究。这个研究需要大量的深度思考和分析，以及大量企业案例来做大数据分析。当时，我是公司里唯一一个力推这项研究的人，因为大部分员工正忙着调查工作和降低错误的项目，根本没办法额外做这个重大的研究项目。

不过，这个预防决策相关错误的拓展性项目在 2003 年 2 月 20 日有了契机。

那天我正在印第安纳州一家电力公司整理资料，协助他们降低工伤率。晚上 6 点我接到一通电话，是同事杰夫的太太打来的。她很惊慌地告诉我，杰夫在日本住进了加护病房。杰夫原本到尼泊尔徒步，但是身体不太舒服，到东京转机时因为发烧被送到医院隔离，当时中国刚出现几个 SARS 病例，亚洲国家都如临大敌。

当下我就明白这是一个生死攸关的危机。尼泊尔还没有 SARS 病例，所以杰夫在那里感染 SARS 的概率微乎其微。可是，我该怎么办？

我知道在危机当下，首先要获得正确信息、确认问题。然后是解决问题，并且在事态严重到无法控制之前迅速做出决策。杰夫的情况是他的病情可能会急速恶化，而且可能无法恢复。因此我打给一位感染科医生朋友，请他越洋跟日本医师开会。他们根据病征排除了所有可能的疾病，像是 SARS、败血症、莱姆病、流感等。后来只剩一个可能性，那就是脑膜炎。如果真的是脑膜炎，杰夫必须马上接受治疗，拖两三天都不行。所幸在美国时间凌晨 2 点时，日本医生也认为杰夫最有可能罹患脑膜炎，并做腰椎穿刺进行确认。

到了早上 8 点，确认杰夫罹患脑膜炎，医生立刻进行抗生素治疗。同时，他们也试图确认并培养病菌，以便之后进行更有效的治疗。

治疗几天后，杰夫的烧退了。又过了两天，他能开口说话了。三周后出院回家。两个月后已经完全康复。如果当时没有及时做决策或是无决策，那么杰夫很可能会因此丧命。这给我们公司很大的动力启动这方面的研究。

决策管理的 10 种要素

继续讲下去之前，我先定义一下几个重要名词。

第一个是"决策"，这是指做抉择时的思考过程。如果没有这个思考过程，则是"无决策"，这可以定义为没有能力在适当的时间启动决策。因此，如果最后的决策是不采取行动，并不属于无决策错误。在这个定义下，我们将因决策导致的错误称为失策错误，因无决策导致的错误称为无决策错误。

很多人会把判断和做决策当成同一件事，但实际上二者并不相同。判断是评论某件事物符合某种架构或标准，而做决策是做决定。举例来说，早上上班前看到天空有很多云，于是判断要带雨伞；或是针对某个行为是否构成犯罪，法官判断后做出评论或提出意见。

失策错误和无决策错误的后果是相当严重的，尤其是如果一家大企业或一个国家发生无决策错误，可能会造成无法挽救的后果。举例来说，美国在刚暴发新冠肺炎疫情时，政府并没有及时要求民众戴口罩，导致美国民众对于是否要戴口罩持不同的意见。后期虽然政府开始推广强制戴口罩，但却引起民众很大的反感，许多民众与商家甚至因为要不要戴口罩引发冲突，结果无法有效控制疫情。

对大企业而言，典型的决策管理制度可以确保不同层级的员工通过管理流程自动启动决策和部署决策。这套决策管理制度包含许多流程，可以分成以下 10 种要素：

1. 情况警觉：察觉需要决策的情况。
2. 决策启动：根据潜在的好坏影响来启动决策。

3. 目标策略一致：好的决策要先有好的决策目标，并且要与企业目标和策略一致。

4. 信息搜集、确认、分析：取得可靠信息做选项分析。

5. 预测：采用预测方法提供决策启动、选项形成和选择的规范。

6. 选项形成：找出可行的构想。

7. 选项选择：通过对预测模型的分析，选择最佳方案。

8. 风险管理：针对选择方案管理风险。

9. 质量检查：确保决策质量并批准决策。

10. 后续管理：规划决策执行、持续监控风险，并且因应变化调整决策，包含停损方案。

这 10 种要素会在之后各以一章来说明，这里先举个例子。许多历史案例都是无决策错误，其中最典型的就是拿破仑 1815 年在滑铁卢战役中遭遇惨败。我们都很熟悉这个故事，所以现在就从决策相关错误的观点来检视这个事件。

在这个案例中，军事指挥官米歇尔·内伊（Michel Ney）和拿破仑要为制度导致的无决策负责，因为法军没有得到情报，不知道普鲁士军队两天前刚打了败仗而且已经撤退。由于缺少这项信息，所以他们没有任何作为。1815 年 6 月 18 日，拿破仑在上战场前吃早餐时，对将领们说道："打这场仗，就跟吃这顿早餐一样简单。"在早餐会议上，拿破仑的弟弟杰罗姆·波拿巴提到普鲁士军队因为两天前的利尼战役已经败退至右侧翼，但拿破仑却没采信这项情报。军事指挥官米歇尔·内伊因为不知道这项情报，所以也没有采取措施。结果普鲁士军队对法军右翼进行突袭，使得没有战备军力抵挡的法军溃不成军，普鲁士军队快速取得胜利。

法军因为不知道需要紧急调动后援兵力，来抵御重新集结在滑铁卢的普鲁士军队，加上法军前期的胜利，使他们充满自负心理，认为自身拥有优越战斗力，而且法军认定领导联军的威灵顿公爵过去战绩并不太好，因此过于轻敌。这种无决策错误导致拿破仑兵败滑铁卢。

无决策错误可能带来严重影响

当无决策错误牵涉预测系统时，影响可能会非常大。例如 2004 年 12 月 26 日，9.3 级的印度洋大地震造成亚洲国家伤亡惨重。这场地震引发数波高达 30 米的海啸，导致斯里兰卡、印度、泰国、印度尼西亚、马来西亚大批人员伤亡及财产损失，影响超过 83 万条生命。许多政府误以为大家看到海啸来了就会跑，便犯了没有建立警报系统的无决策错误，直接导致灾害死亡人数飙升。如果当时有部署海底压力感应器系统，就会侦测到剧烈的压力变化，启动区域海啸警报，就可以避免重大人员伤亡。总而言之，如果有一套方法可以避免决策相关错误，就可以帮助企业与个人更加成功。

无决策是无形杀手，不知不觉就会让人受害；失策则是自己害自己，怨不得他人。

本章练习

* 为什么无决策错误会带来更严重的影响？

* 为什么无决策错误发生的概率很高？

* 你可以从自己所在的企业中找出无决策错误吗？

第三章

预防决策错误

信息错误、风险管理错误和选项选择错误是导致失策错误的
重要因素，但是预测错误却是导致许多大规模灾难的主要因素。

我还是麻省理工学院的博士生时，上过一堂风险概率分析课。在那堂课上，我们分成几组做项目报告，要针对操作员控制的各个复杂系统算出失效率。项目的复杂度让我们不知所措，甚至从哪里开始都没有头绪。

我们的教授诺曼·拉斯穆森（Norman Rasmussen）被誉为核能安全之父，也是将人为错误的决策事故概率量化的先驱。他告诉全班同学，项目开始之前，要想想法国哲学家笛卡儿在 1637 年提出的方法论，才能解决这个复杂问题。

他简单阐述笛卡儿解决问题的 4 个步骤。他说要解决复杂的问题，得从简单到复杂。接着把问题分解成独立的小问题，再逐一解决。解决问题的过程中，笛卡儿告诫人们要时时怀疑假设和结果，并检验遗漏的地方。

拉斯穆森教授是对的。我和詹姆、杰森、曼尼、德越被分在一组，要研究辅助给水系统的失效率。辅助给水系统是一套复杂的紧急供水系统，核灾发生时可以用来移除反应炉的衰变热。这套系统有 3 个泵浦、3 个马达、1 个水泵、许多管线和 1 个控制多个仪器的电子系统。即便有一个马达泵浦失效，系统也能运作。核电站控制室的操作员可以通过远程来操作整套系统。

课后我们 5 个人集中讨论，试着开始进行这个项目。我们都很困惑，不知道该从哪里着手。

"不如用笛卡儿的方法，先从简单的地方开始，再解决困难的部分？"我说。

"我们要不要简单看一下这套复杂的系统是怎么运作的？哪些原

因会导致系统失效？"我又说。

詹姆很快就发现，只有 5 个原因会导致系统失效，包括两个马达泵浦同时失效、备用马达泵浦操作错误、控制系统失效、管线破裂，以及水泵破裂。

我们画出简易图表列出失效原因，再把系统失效与 5 种失效原因分别联结起来。最年长的曼尼说："不如我们每个人负责一种失效模式，把下个层级的次要失效模式建构出来，完成后再一起讨论。"

我们都同意这样做。不到两个月，我们就把几个较低阶的次要失效模式图画出来。

我们总共找出上千个次要失效模式。低阶的失效模式和子组件有关，例如电容、电晶体、运算放大器等。碰面讨论后，我们交换彼此的次要失效模式图表，进行交叉比对。

我们又花了一个月时间比对，并修正各自找到的错误。在这些错误中，75% 的错误是漏掉次要失效模式，25% 是思考逻辑出错。解决所有错误后，我们把辅助给水系统的失效模式整合成一张巨大的失效模式表。

我们后来在一个周末碰面，一起把系统的失效率算出来。不过失效模式和次要失效模式太多了，我们无法计算每一种次要失效模式的失效率。这样一来，我们就无法计算整个系统的失效率，因此我们只好把系统失效的统计资料拿来用，算出整体失效率。

完成这个项目后，大家都好高兴。我们把所有次要失效模式整理成一本 200 页厚的报告，詹姆在拉斯穆森教授和全班同学面前汇报我们的成果，汇报得很棒。其他组的资料很少，我们很确信这门课可以拿到高分。不过快到期末时，曼尼跟我说："拉斯穆森教授找我们，说要给我们意见。"

曼尼很快约到拉斯穆森教授，我们坐在办公室里等他。

教授对我们说："这个失效模式图表很棒，计算很详尽，代表你们很认真，而且合作得很好，尤其是操作员疏忽的次要失效模式涵盖'操作评断错误'。这个概念很新，我很喜欢。"

教授停顿了一下，继续说："虽然你们很努力，做出一份厚厚的报告，但如果你们要把这份报告交上来，我会把你们都挂掉。"

曼尼很惊讶，马上接话说："为什么？我们做错了什么？您刚刚不是说很喜欢这个图表吗？"

教授回答："这份厚厚的报告里，你们假设所有失效模式都一样重要，这个假设是错的。危机之中，通常90%的事故来自10%的失效模式，而且所有假设都要经过大数据统计的验证，但你们的报告没有把可能失效模式和可信失效模式分开。这样一来，你们就没有办法用次要失效模式的失效率来计算整个系统的失效率。而且，要怎么知道这些次要失效模式都是对的？"

和教授谈完后，我们很慌张。接下来两天晚上我们非常认真地搜集系统子组件的真实失效案例，用数据和系统运作次数来计算每个子组件的实际失效率。我们也从实际的失效数据中发现，我们漏掉了好几个可信失效模式，例如因疲倦和分心引发的人为错误。根据这次发现，我们删掉可能但不可信的次要失效模式，把报告简化到只剩75个可信的失效模式。简化过后，我们计算出整个系统的次要失效模式失效率和统计数据要求的失效率大致相符。这证明我们的分析是正确的。修正过的项目报告厚度只有原来的三分之一。

这个事件给我留下深刻的印象，清楚记得在分析决策事故时，只需要把重点放在可信失效模式就够了。此外，大数据分析可以找出遗漏的失效模式。

决策思维的步骤

后来，我又遇到用笛卡儿方法论来解决复杂问题的机会。这次的问题是：如何预防决策相关错误。当时，零错误公司才刚通过一项预计耗时 3 年的研发项目，准备开发一套全面性预防决策相关错误的方法。

我们将第二章提到的决策管理制度涵盖的 10 个要素组成决策的思维流程，如图 3-1 所示。这个思维流程包含做决策的所有步骤。

接着我们用笛卡儿的方法，分别制作出失策错误和无决策错误失效模式的图表。10 个月之后，失策错误与无决策错误的失效模式基础框架完成了，并通过了独立审查（见图 3-2）。这些年来，随着公司不断在这个领域进行研发，持续搜集更多决策失效案例，将这张失效模式图不断优化，但整体而言，10+1 模型并未改变。

从这两个第一级的失效模式图中，总共确认出 11 种独特的失效模式，我们称为 10+1 失效模式，包括不当心态、情况警觉错误、决策启动错误、目标策略不一致、信息错误、预测错误、选项形成错误、选项选择错误、风险管理错误、质量检查错误、后续管理错误。

图 3-1　决策思维流程的 10 个 步骤

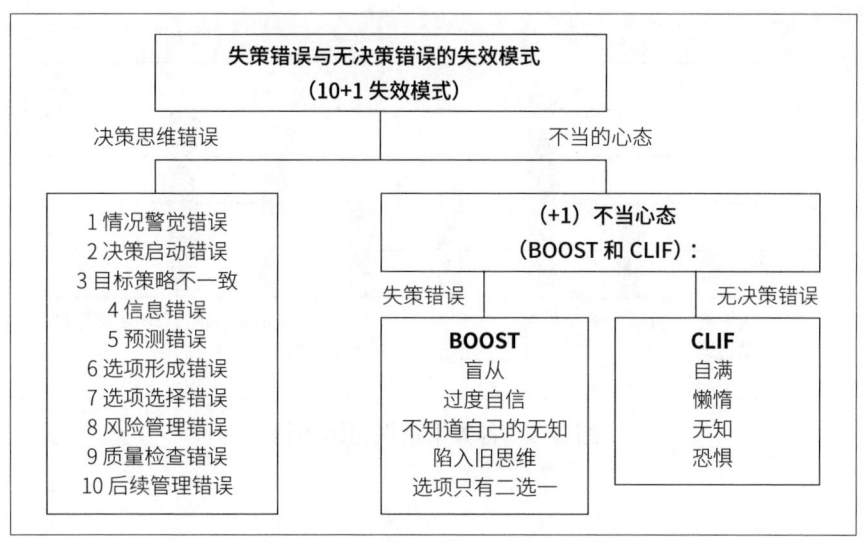

图 3-2　第一级失策错误与无决策错误的失效模式

后来，我们继续将这 11 种失效模式进行细分，找出第二级与第三级次要失效模式。

　　之后，我们对这些失效模式进行大数据分析。2020 年时，我们检查失策错误和无决策错误的统计数据，发现无决策错误比失策错误要多，其中 60% 的错误来自无决策错误，40% 来自失策错误。

　　图 3-3 是失策错误原因的占比图。图中不包含不当心态和质量检查错误，因为失策错误百分之百都和这两者有关。我们发现每一种失策错误都可以归因于一种或多种不当心态。我们也发现以定义来说，每种失策错误都存在质量检查错误。

　　如图 3-3 所示，占比最高的 3 种失策错误原因是信息错误、风险管理错误和选项选择错误。因为这 3 种错误是失策错误中的重要

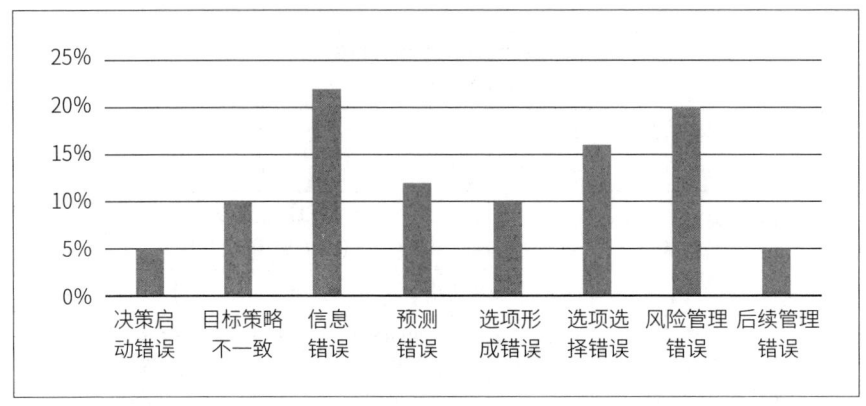

图 3-3　各失策错误原因占比

因素，所以我们针对这 3 个原因做了更深入的研究。值得注意的是，即便预测错误并不在前三名，却是导致许多大规模灾难的主要因素。典型案例是 2005 年卡特里娜飓风登陆美国新奥尔良，因为对于飓风引发洪水的预测错误，导致堤坝和防洪墙倒塌，短短 3 天内带走至少 1800 条人命。

在无决策错误中，有 62％ 是情况警觉错误，38％ 是信息错误。信息错误主要来自没有搜集信息而导致的错误。无决策错误中占比最高的不当心态是无知，例如不知道启动决策的时机。举例来说，大部分人倾向忽略机会或潜在威胁，只有遇到麻烦的时候才会做决策。

图 3-4 是不当心态导致失策错误的比例图。可以看到造成失策错误最主要的不当心态为过度自信，其次是不知道自己的无知。

从第四章开始，我们会详细说明 10+1 失效模式对决策造成的影

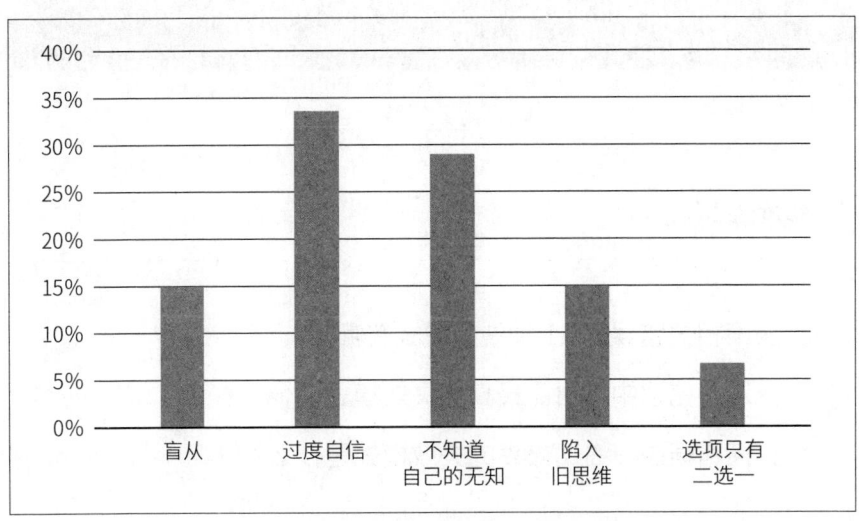

图 3-4　导致失策错误的不当心态

响。了解这 11 种决策失效模式之后，我们会在第十五章谈一谈预防决策错误的 10+1 零错误决策法则。

了解问题的每个方面，才能完整地解决问题。

本章练习

* 决策相关错误的 11 种失效模式有哪些？

* 无决策错误中，占比最高的失效模式是什么？

* 失策错误中，占比最高的失效模式是什么？

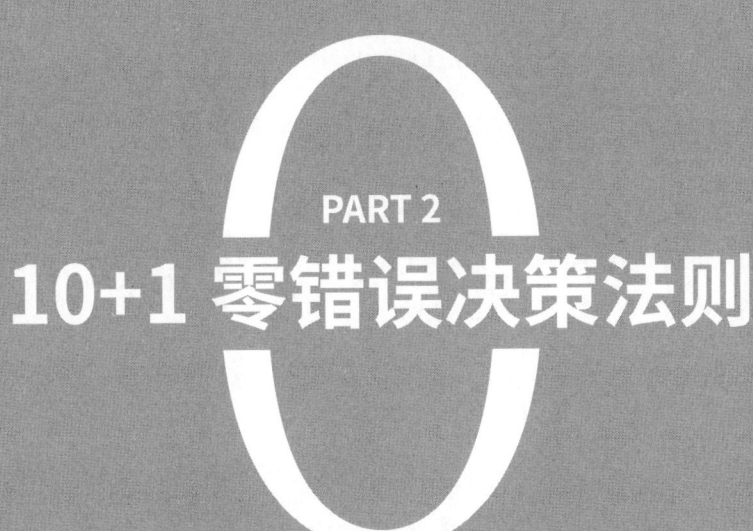

PART 2

10+1 零错误决策法则

第四章

不当的心态

　　避免决策错误的第一步就是自我觉察，了解所有导致决策错误的不当心态。接着再针对重大利益或难以挽回结果的重要决策采用零错误决策技巧。

决策不一定是理性的。

1994 年，约翰·冯·诺依曼（John von Neumann）和奥斯卡·摩根斯特恩（Oskar Morgenstern）提出预期效用理论，认为只有理性的人能够将自己的利益最大化，如个人效用。然而，丹尼尔·卡尼曼（Daniel Kahneman）和阿莫斯·特沃斯基（Amos Tversky）于 1979 年提出的展望理论认为，决策不一定是理性选择。举例来说，要赚超过 2000 元才能弥补 1000 元的损失。因此，比起追求利益，人类更不喜欢风险。

展望理论让我醍醐灌顶，开始问自己，还有哪些心态会影响理性决策？我开始从自己身上找答案。

青少年时期，我看见一些沉迷电玩、逃学看电影或整天玩乐的同学，我问自己：

"为什么他们不知道这种行为会毁掉自己的人生？"

"是他们的父母导致这些行为的吗？"

在麻省理工学院读博士时，我看见麻省理工学院和传统大学教学方式的差异，我问自己：

"为什么麻省理工学院考的是课外知识，传统大学却只考课本？"

"为什么麻省理工学院希望学生通过讨论来解决问题，而传统大学却强调背下来就行？"

研究许多灾难事件后，我问自己：

"不好的决策是怎么导致灾难的？"

访谈过程中，我发现和意外事故相关的决策者似乎都是逻辑清晰、受过良好教育的人。我问自己：

"为什么灾难发生前，没有人质疑这些决策？"

"为什么灾难总是发生在取得一连串小成就之后？"

看到股市起伏，我问自己：

"为什么股市前期在缓慢成长，短时间内急剧走高然后迅速崩盘？"

"为什么发生无预期恐慌事件不久后，就会发生股灾？"

"为什么灾难事件和股市崩盘总间隔两到三个月？"

在 40 年的职业生涯里，即便读了 5000 多本书，这些无解的问题却让我越来越困惑。直到 2007 年，我才找到详尽的答案，使 10+1 失效模式更加完整。

我们调出所有案例的访谈记录，以及众所周知的公开事件，花 10 年时间进行数据探勘，并开始采用人工智能软件来进行研究，我们发现许多有趣的事情：

1. 个人不周全的思考过程或企业不健全的决策系统会直接导致决策错误。

2. 不当的心态会大幅提升决策错误的概率。心态是一种思考模式，因教养方式塑造而成，也受到性格影响。基本上，不当心态的存在会导致决策者思虑不周，例如在决策过程中犯错。

3. BOOST 5 种心态会导致失策错误率上升，包括盲从（Blind trust）、过度自信（Overconfidence）、不知道自己的无知（Out of sight）、陷入旧思维（Sunk cost bias）、选项只有二选一（Two-option trap）。

4. CLIF 4 种心态会导致无决策错误率上升，包括自满（Complacency）、懒惰（Laziness）、无知（Ignorance）和恐惧（Fear）。

5. 危机当下的应变时间有限，因为情况不停变化，和没有危机时相比，发生危机时的平均决策错误率增加约 10 倍之多，主因来自不当心态的放大效应。举例来说，因为发生危机时有大量不确定性，人们多半会盲目信任权威领袖或组织，也会更相信来自权威领袖或组织的假信息；因为发生危机时通常伴随时间压力，决策时想到的选项会比较少；此外，发生危机时有太多未知，有些人会因为害怕犯错而避免做决策。

6. 当政治口号中的假信息、政治组织的假新闻或假报道给予人们足够的希望和恐惧时，集体盲从的现象就有可能发生。换句话说，成千上万人会集体逼迫其他人相信假信息。希特勒和纳粹党杜撰美好的未来，并声称最优秀的雅利安人种在过去受到迫害，塑造出希望与恐惧的假故事。

9 种不当的心态

在日常生活中，时常会看到 9 种不当心态，包括：

1. 我相信，因为我最好的朋友这样说。（盲从）

2. 虽然这是新工作，但我能做到。（过度自信）

3. 我没想到会这样。（不知道自己的无知）

4. 我很努力，可是我的业绩却一直下降。（陷入旧思维）

5. 给我两个选项就好。（选项只有二选一）

6. 我们很骄傲取得了这些成果，看看最近得了这么多奖。（自满）

7. 我不想思考这个复杂的问题，反正时间会过去。（懒惰）

8. 我不懂你为什么要这么紧张，这又没什么。（无知）

9. 别把我拉下水，那会很没面子。（恐惧）

在这 9 种不当心态中，有 5 种和失策错误有关，4 种和无决策错误有关。

盲从

盲从是一种思维模式，认为从朋友、权威人物、知名组织或新闻媒体得到的信息都是正确的，而不加以确认事实。做决策时，盲从心态会因为错误信息而导致错误决策。

如果某个信息和一个人的中心思想有关，例如宗教、政治或理念，盲从心态往往会造成恶性循环。这种心态会使人固执己见、存有偏见，而且极端偏执。恶性循环通常始于盲从心态。从自己信赖的来源得到信息、未经确认便认定是真的，这样的想法使自己更容易与持相同想法的人分享，因而更有理由确信这个信息是真的。身边围绕更多持同样想法的人，接触不到其他想法，就会更相信自己是对的。这个恶性循环永无止境。盲从的恶性循环让我们了解邪教的形成模式，以及希特勒在二战以前如何用种族优越理论洗脑 3000

万德国人。

盲从心态包含几个特点，如对错误假设深信不疑、没有检验信息质量、盲目跟从领袖人物或朋友、未确认事实就相信空洞的口号等。

在新冠肺炎疫情大流行时，主管机关没有及早采取戴口罩政策便是盲从的例子。美国疾病控制中心在新冠病毒流行初期，未经科学验证便建议不用戴口罩。同时间，中国研究显示戴口罩有助于降低病毒传播，要求全国人民戴口罩。许多民众盲目相信美国疾病控制中心的说法，导致新冠肺炎疫情大流行。2020 年 5 月，美国疾病控制中心变更说辞，但此时疫情已经一发不可收拾。

过度自信

过度自信的定义是，认为自己比实际上更有能力，并且认为自己不用寻求帮助或考虑风险就可以完成超出能力的事。过度自信的心态会随着一连串的小成就的取得而形成。做决策时，过度自信会导致仓促决策，因而没有运用逻辑思考、分析各种可能选项的利弊得失，或是分析风险。除此之外，会使人期待得到比应得的更多。这样一来，思考过程中会更容易出错，因而导致失策错误。要看出一个人是否过度自信，可以从几点观察，比如新手上路却不寻求外部协助、没注意到不利情况的迹象、无视风险、没有比较利弊便仓促决定、投资过高估值的股票，以及无视法律等。

以诺基亚来说。2011 年，诺基亚还是全球手机龙头，公司市值
3000 亿美元。苹果公司将智能手机推向市场后，微软买下诺基亚手
机业务，决定不用 Android 系统，而是协助诺基亚开发新的操作系
统。诺基亚和微软没有评估到开发新操作系统在高度市场竞争下的
风险，一味认为新系统将会超越 iOS 系统和 Android 系统。最后，这
份自信导致他们失去了智能手机市场。2016 年，诺基亚的手机业务
被芬兰企业 HMD Global 与富士康以仅仅 3.5 亿美元收购。

不知道自己的无知

不知道自己的无知是指注重自己所见所知的事，忽略未见未知
的事。不知道自己无知的心态也被称为短视近利或盲目。要看出一
个人是否有这种心态，可以从以下几点观察：如看不到自己在决策
中的弱点；注重短期影响，忽略长期影响；只在乎决策者受到的影
响，没有考虑别人受到的影响等。

需要注意的是，我们发现多数不成功的商务人士或一般人都有
不知道自己无知的心态。他们倾向于考虑短期利益或风险，而不是
长期利益或风险，并且会忽略不适合自己的想法，先入为主地进行
选择。

以空难事件为例。法航 447 班机于 2009 年 6 月 1 日坠海，原因
是全体机组人员不知道自己无知的心态。从里约热内卢飞往巴黎途
中，结冰的空速侦测器讯号不稳。面对异常的控制讯号，机组人员

视而不见，只顾着找原因和采用自动驾驶模式来稳定机身。因为对异常讯号视而不见，机组人员没注意到飞机正处于危险的失速状态。最后飞机失速坠海，机上 228 人全数罹难。

陷入旧思维

陷入旧思维的定义是固守已付出的成本，并持续无条件地投入。陷入旧思维会导致决策一成不变地遵循旧有体制，这样的人有两个特质：一个是一旦有令他信服的理由就拒绝改善或改变，另一个则是没有创意思维。

微电脑龙头企业美国 DEC 公司就因为这样的心态而倒闭。1987年时，DEC 公司拥有超过 14000 名员工，是全球第二大计算机制造商，拥有超级计算机 VAX。11 年后的 1998 年，DEC 公司营运急转直下，在几乎倒闭之时由康柏电脑公司收购，最终于 2013 年终止营业。在 1987 至 1998 年这 11 年间，许多企业分析师认为，DEC 公司管理层墨守成规的心态，导致他们没有将资源调动到个人计算机业务，只采用不同的科技和硬件来达到和微电脑相同的运算能力。

选项只有二选一

选项只有二选一是视野狭隘的思维，在做决策和解决问题时没有分析所有可行方案。

若做决策时只有两个选项，选的是个人喜好，而不是决策。选项只有二选一，会导致做决策时思虑不周的问题。

这种心态会让决策者没选到甚至没有考虑到最理想的方案。这样的人有几个特征，如只选喜欢的选项，而不是选最理想的选项；没有考虑多个选项；在类似决策上做出同样选择，没有考虑到情况其实不同。

王安电脑就是因为这个原因而衰败的。王安电脑是 20 世纪 80 年代最大的文字处理机生产商，拥有 WPS 及 VS 微电脑。在事业高峰期间，王安坚持任命儿子王烈为公司 CEO。在肥水不流外人田的心态下，CEO 的人选只有两个选择：他本人或儿子王烈。然而，36 岁的商学院毕业生王烈上任后，王安电脑快速走向倒闭。1989 年，王烈被革除 CEO 职务，王安电脑于 1992 年宣告破产。

自满

自满的定义是对现况满意而不追求进步。自满如同过度自信，形成原因可能是一连串的小成就，或因缺乏长期目标的执行指标而看不见企业问题。过度自信和自满的关键差异在于，过度自信促使决策者做出错误决定，而自满则会让决策者不做决策。自满的人有几个特征，像是对现况很满意，忽视威胁或问题的征兆，喜欢谈论过去的成就，却对现有问题避而不谈等。

自满会抑制创新。通用汽车公司就尝过其中的苦果。数十年来，通用汽车在设计、科技和质量改善上几乎没有革新。面对丰田等来自日本和欧洲的车商竞争，以及消费者喜好改变，终于在 2009 年宣告破产。美国财政部投入 500 亿美元紧急救助通用汽车，公司破产后重组的管理层发起了一连串提升质量和改良设计的策略，终于使通用汽车在 2013 年创下销售纪录。

懒惰

懒惰是一种逃避思考复杂问题或困难的思维模式。懒惰心态的人有以下特征，包括借口很多，行动很少；拖延心态；逃避复杂的问题；逃避非例行决策，尤其是需要预测的决策；靠别人做复杂的决策等。

在战场上，一旦发现敌方有懒惰心态，此时发动攻势很快就能成功。例如 1967 年 5 月 25 至 30 日，以色列发现叙利亚、约旦和埃及并没有针对以色列的突袭进行分析、侦测和准备，于是发动突袭，用规模极小的空军摧毁了埃及全部空军。这场六日战争最后，以色列军队以不到 1000 名士兵的兵力带给敌军超过 2 万人死亡，还取得了加沙走廊、西奈半岛、约旦河西岸、东耶路撒冷和戈兰高地等大片缓冲区，这让以色列未来多年在中东地区站稳脚跟。

无知

　　无知的心态是启动决策时忽视优势、弱点、机会和威胁的征兆。启动决策时有无知心态的人，可以从以下两个征兆观察出来：一个是对揭露 SWOT 的信息不闻不问，另一个是当出现弱点或问题时，没有关键绩效指标来启动决策。

　　无知并不幸运，因为决策者可能会因此错失大好机会。美国老牌连锁百货商店杰西潘尼、以经营奢侈品为主的连锁高端百货商店尼曼、美国连锁女性成衣零售店维多利亚的秘密都在疫情期间宣布破产，就是无知惹的祸。多年来，这些品牌一直都在自己身处的利基市场成为消费指标。然而，近年来随着消费者习惯于在线购物，而这三大公司的在线消费系统更新缓慢。与之相反，加拿大瑜伽服装品牌 lululemon、美国连锁百货公司柯尔百货、中国最大的跨境电商平台之一全球速卖通、塔吉特百货、好市多、沃尔玛、亚马逊、eBay、美国电商平台 Etsy、美国互联网零售商 Overstock.com、美国在线鞋类零售商 Zappos、谷歌购物等公司因为提供在线消费的便利服务，股价和获利从疫情前到疫情期间不断成长。

恐惧

　　恐惧的定义是认为自己会被羞辱、会受伤、被占便宜、被夺走资产或特权，以及失去人缘。有时候一点点恐惧可以帮助人们做决策时产生风险意识，但太多的恐惧会使人不敢做出决策。有恐惧心态的人可以从几个征兆观察出来，像是规避可能带来冲突的决策或意见、逃避会失败的决策、避免提出不同意见、爱面子、为了顾全大局而处处讨好等。

以乔布斯来说，他在职业生涯早期原本是事必躬亲的微观管理者，因为他害怕失败，这种情况直到 1985 年因麦金塔项目失败被苹果公司开除为止。后来他创办皮克斯动画工作室，并渐渐转变管理风格，成为愿意赋权的宏观管理者。他在 1996 年回到苹果公司，并放手让吉姆·莫里斯（Jim Morris）和彼特·道格特（Pete Docter）管理皮克斯。重回苹果后，乔布斯信任有能力的人并让他们发挥自身的特长，如蒂姆·库克（Tim Cook）、史蒂夫·扎德斯基（Steve Zadesky）、强尼·艾夫（Jony Ive）等。乔布斯克服了领导的恐惧，使苹果公司在 1997 年后快速成长。

不同心态，造就不同的人生

2006 年，我和雷瓦多博士（Dr.Ray Waldo）在一家电力工程公司教授决策相关错误的培训课程。雷瓦多博士毕业于加州理工学院，是零错误公司的专家。他有位学员艾瑞克是行为心理学家，也是我们的老朋友。他听我们谈到不当的心态后，邀请我们隔天到他家吃晚餐。那天在艾瑞克家的晚餐是我生命的转折点，我也确认了朝"打造健全心态"的方向进行深入研究。

那天晚餐过后，我、雷瓦多博士、艾瑞克和艾瑞克的太太丽莎一起坐在桌边享用丽莎做的米布丁。我们谈到养育的方法如何造就不同的人生。他们有 3 个小孩，老大是男孩，在 6 岁时被艾瑞克领养；老二是女孩，是艾瑞克和前妻的小孩；老三则是他们的亲生儿子。3 个小孩的成长背景都不一样。老大布莱恩 6 岁以前常被亲生父母家暴，而且经常挨饿，后来艾瑞克和前妻领养了他。艾瑞克的前妻不打人，但很爱喝酒，每天都喝得醉醺醺的。所以，布莱恩的成长过程充满波折。他智商有 130，本来有很好的工作，现在却只顾着冲浪。他没工作、没老婆，也不愿意承担责任，有空就去海边。

二女儿茱蒂心地善良、性格很好，脸上总挂着美好的微笑。不过在 17 岁时跟男朋友吵架，没多久就自杀了。老二走后，他们希望最小的儿子做决定时可以考虑各种选项，因此花很多时间教他怎么为自己的人生做决定。现在他是家里最出色的人。他刚从斯坦福大学毕业，在 Google 工作，年薪有 7 位数的美元，还有个稳定交往两年的女朋友。

从艾瑞克 3 个小孩的故事可以看到，3 种不同的教养方式，造就 3 种不同的心态，进而造就 3 种不同的人生。老大布莱恩因为人生路途崎岖，一直都很害怕麻烦，所以不想做任何决定，随波逐流就好；老二则陷入人生只有二选一的陷阱，想不开自杀了；老三因为有良好的心态，造就成功的人生。听完他们的故事，让我想到过世的前妻达娜，她和茱蒂一样有蓝色的大眼睛、美好明亮的笑容和一头金发。她小时候受到过母亲同居男友的性暴力对待，跟母亲诉苦后，母亲告诉她，一切都是她的想象，什么都没发生过。她和布莱恩一样，青少年时期都活在恐惧之中。

达娜后来在我家附近的中学教书，嫁给我之后生下两个男孩。我们结婚前几年，她都不太能跟我分享内心的感受。随着时间流逝，她打开心房，我们无时无刻不在谈论信任与谅解。她渐渐有了一群真诚的朋友，人也变得乐观开朗，热爱工作，花很多时间投入公益，努力帮助别人。她分享自己的故事，帮助许多有同样经历的年轻女孩。她甚至原谅了她的母亲以及母亲的同居男友。虽然布莱恩和达娜有类似的不幸的成长背景，后来的人生却大不相同。

修复不当心态的方法

经过那天晚上的谈话，我跟雷瓦多博士开始讨论修复不当心态的有效方法。2011 到 2016 年间，我们持续探究不当心态导致决策相关事故的案例。我们取得决策错误者的同意，探究他们的成长背景。我们试图了解教养方式对心态的影响，以及对决策错误的影响。除此之外，我们访问许多在不利条件下成长的成功企业家和专业人士，询问他们如何克服生活中的不当心态。我们得出两个结论：

1. 导致重大错误的不当心态中，约有 80% 与不好的教养环境有关。

2. 许多避免决策相关事故的成功人士知道自己的心态问题，并学习用企业制度来调整。其中约有 60% 的人以企业制度避开运营上的错误，但却无法避免人生中的错误。有些人以酒精、药物、强迫性购物，甚至用性爱来得到慰藉。

总而言之，我们发现教养方式和不当心态之间有正向关系。表 4-1 针对 BOOST 和 CLIF 两大类型的不当心态来说明。

我们也发现在企业中，某些情况会加剧不当心态对决策的影响。举例来说：

● 在危机时，状态改变或处于看似不可控制的环境之中，决策者会感到慌张，不知道该怎么走下一步，便很容易落入盲从的陷阱。

表 4-1　不当心态如何产生？

BOOST	教养方式
盲从	● 不容孩子挑战的权威式教育或教养方式
过度自信	● 学校或家庭给予过度赞美，或过度保护
不知道自己的无知	● 填鸭式教育 ● 生活贫困
陷入旧思维	● 惩罚式教养 ● 被父母抛弃 ● 极度保守的教养方式
选项只有二选一	● 父母太忙碌而无法提供孩子不同选择 ● 权威式教养

CLIF	教养方式
自满	● 学校或家庭给予过度赞美或过度保护
懒惰	● 过度保护，不让孩子玩复杂的游戏
无知	● 过度保护，孩子不懂得要对自己负责
恐惧	● 惩罚式教养 ● 虐待 ● 性侵

● 取得一连串小成就后，决策者很可能会过度自信，于是忽略即将到来的风险，并犯下失策错误。

● 时间压力下，决策者可能会落入选项只有二选一的问题，只考虑自己偏好的一两个选项。决策者也可能变得过度自信，没有考虑到决策风险。

其实有很多名人都在艰难的环境中成长，如受到父亲身心暴力对待的迈克尔·杰克逊（Michael Jackson）、受父亲家暴的查理兹·塞隆（Charlize Theron）、受到多位亲人家暴和性虐待的奥普拉·温弗瑞（Oprah Winfrey）、饱受战争摧残和饥饿痛苦的奥黛丽·赫本（Audrey Hepburn），就连为全世界小孩带来欢乐的华特·迪士尼（Walt Disney）也是如此。

华特·迪士尼在童年时受到父亲家暴，青少年时，父亲的农场倒闭后，他帮父亲送报纸、卖报纸和糖果养家。17 岁时，他辍学加入军队，当救护车司机。后来他选择原谅父亲，决定要做出高质量的动画和游乐园，为他人带来欢乐。他克服童年时的不利条件，成为出色的企业家。

为什么这些名人能够克服成长背景带来的问题心态，成为真正的赢家？我们的研究发现，因为他们大多有能力了解成长过程中带来的错误心态和父母或家人的某些行为有关。接着，他们找出弥补的方法，如谅解、从事慈善工作、与真诚正直的朋友相处等，帮助自己避免犯错。

2008 年，零错误公司针对 130 人做问卷调查，询问他们是否有不当心态的征兆，结果他们全都曾因为某些不当心态导致决策错误。

但这样的心态不是随时存在，而是有时会出现。问他们导致不当心态的原因可能是什么，大部分人提到成长过程中的经历。

很多人的童年有过家暴和艰难生活的经历，有些人变得很成功，有些人因为恐惧和不知道自己无知而变得非常消极，甚至短视近利或活在自己的世界里。但是根据我们的观察，像乔布斯这样的成功人士可以找到某件感兴趣、有目标、有成就感的事情，因此可以意识到自己的不当心态，并调整过来。这三项指标让他们和那些沉迷酒精、药物和自己世界的人不同。自我察觉并找到人生目标的时间很长，过程可能会漫长又累人。华特·迪士尼花了10多年才找到自己的人生目标。

内在因素（情绪）对心态的影响

我们的研究发现情绪会引发不当心态，而不当心态也会反过来导致决策错误。在所有情绪中，我们发现愤怒或羞愧、因诱惑而兴奋、焦虑或担忧、不安全感、沮丧、疲倦等情绪对心态的影响最大。

愤怒或羞愧会导致不耐烦，于是仓促做出决策，没有想到所有可能性和风险（选项只有二选一和过度自信）；因诱惑带来的兴奋会让人想赶快行动，并且无视风险（过度自信）；焦虑或担忧会引发一种不愿意创造新事物，照旧就好的感受（陷入旧思维）；不安全感使人不敢放掉现有的东西，进而忽略其他机会和长远影响（不知道自己的无知）；沮丧会带来恐惧和对周遭环境的疏离感，进而导致无决策；疲倦经常使决策者不想做决策，或落入不知道自己的无知的心态陷阱。

以巴菲特（Warren Buffett）为例。1964 年，纺织公司伯克希尔·哈撒韦经营不善。当时巴菲特已经是非常富有的投资人，他知道这家公司经营不善，但仍然认为公司的股价低、有利可图。因此他收购伯克希尔·哈撒韦，打算立刻再卖给原经营者西伯里·斯坦顿（Seabury Stanton）赚取差价。但斯坦顿提出比当初说好了的更低的价格。巴菲特公开承认自己很生气，他不接受微幅减少的利润，于是在一年内持续买进更多股票，直到成为最大股东并开除斯坦顿为止。因为这个决定，巴菲特接下来的 20 年耗资投入这家快倒闭的纺织公司，未曾放弃。如果他把钱拿去投资其他更好的标的，赚到的钱可能会超过伯克希尔·哈撒韦今日 6000 多亿美元的市值。这就是因愤怒导致理性领导者失控的典型案例。

外在因素对心态的影响

我们的研究发现，许多外在因素会放大做决策时的不当心态。其中日程紧凑导致心理压力、决策时间、资源过少或过多、团体迷思等外在因素最容易产生不当心态。

日程紧凑导致心理压力

在日程紧凑导致的心理压力下，人更有可能因为过度自信和选项只有二选一而犯下决策错误。过度自信和选项只有二选一的心态容易造成决策简化，借此弥补心理压力带来的影响，弥补自己的焦虑感。这种弥补心态是很自然的潜意识。

1986 年 1 月 28 日上午，美国宇航局在低温下同意让"挑战者"号航天飞机升空，便是心理压力导致过度自信和选项只有二选一心态的著名案例。根据罗杰斯委员会事后调查，升空失败的根本原因是固体火箭推进器的 O 型橡胶密封圈设计不良。然而，若采纳艾伦·麦克唐纳（Allan McDonald）的意见，不让航天飞机在低温下升空，这场灾难就可以避免。麦克唐纳是泰尔克公司的工程师，他的专业提议因为宇航局官员在时间紧迫的心理压力下遭到否决。不能延期是因为航天员克里斯塔·麦考利夫（Christa McAuliffe）已经为学生安排好实时广播课程，而且美国总统里根在《国情咨文》演讲中已经提到这个广播课程。延期的话，这两相结合的宣传力度就会降低。因此即便反对意见有道理，计划负责人仍因过度自信而无视风险，导致航天飞机升空 73 秒后解体爆炸，7 名航天员全数罹难。美国宇航局的计划负责人在面对反对意见时，并没有探询其他可行方案，例如延后几小时升空，降低 O 型橡胶密封圈在低温下松脱的风险，因此造成令人遗憾的结果。

决策时间

决策时间也会影响心态。根据统计数据显示，决策错误通常发生在下午，而不是早上。确切来说，下午 3 点是最不适合做决策的时间点，尤其是夜猫子这类晚睡的人。我们发现，失策错误和无决策错误在下午的错误率是上午的两倍之多。这个结论和 2017 年菲利克斯·薛侯兹（Felix Schurholz）和雷欧（Leone）等人的研究数据一致。布宜诺斯艾利斯大学的雷欧等研究人员跟踪 100 位国际象棋选手，观察他们从早到晚共 16 个小时内的失策错误和思考时间。结果显示，在这 16 个小时内，失策错误普遍会随时间增加，而且决策时间会减少。杜克大学医学中心在 2006 年也发现，下午 3 点到 4 点之间的手术最容易出现术后并发症。

团体迷思

团体迷思，或称集体错觉，是一种群体追求和谐一致而导致非理性决策的现象。经常产生团体迷思的人群具有以下特质：

● 倡导"我们反对他们"心理，这里的他们可以是群体之外的人、群体问题的代罪羔羊等。

● 通过惩罚或排挤行为来打击群体内的反对意见。

团体迷思的规模可能会大到使整个国家做出不理性的决定，例如大部分德国人支持希特勒的纳粹思想。团体迷思也可能发生在小型组织，如相信暴力手段能够维护自身安全的个别警政单位。

2020 年 5 月 25 日，黑人乔治·佛洛伊德（George Floyd）之死牵涉 4 位警察便是近期团体迷思的案例。乔治·佛洛伊德在明尼苏达州遭警察暴力执法致死，另外 3 名警察则袖手旁观。从这则新闻可以发现，涉事警察中存在明显的团体迷思，认为可以用暴力对待不合群的人，因而导致 4 名警察做出不理性决策。意外发生后，用膝盖抵住佛洛伊德颈部的警察被指控二级谋杀罪，其余 3 名警察则以协助教唆谋杀罪遭起诉。

根据我们的统计资料，我们发现资源匮乏的人可能会受到不知道自己的无知很大的影响。举例来说，当人们贫穷、缺乏资源时，往往会花很多时间担忧自己的需求没有得到满足。因此，除了眼前的事情，他们不会考量未来或未知的事情。他们往往会盲目而短视。随着时间流逝，因为他们无法思考未来和未知的事情，自然无法计划未来或扩大知识范畴，所以变得越来越贫穷、越来越无知。换句话说，有钱人有时间去计划未来的事情，而且会拓展自己的知识。随着时间流逝，他们能够做出越来越正确的决定，而且变得越来越富有。

我们的研究结果和 2013 年经济学家森迪尔·穆莱纳森（Sendhil Mullainathan）与埃尔达·沙菲尔（Eldar Shafir）的研究结果一致。他们在著名的《匮乏经济学》中提到匮乏对人的影响。此外，2019 年诺贝尔经济学奖得主、麻省理工学院经济学教授阿比吉特·班纳吉（Abhijit Banerjee）、埃丝特·迪弗洛（Esther Duflo）和哈佛大学的迈克尔·克雷默（Michael Kremer）通过实验发现，有效改善贫穷的政策必须考量到在贫穷者心态中稀少性所带来的影响。

不当的问责制度还可能引起不知道自己无知的心态。问责制度可以是国家、企业或家庭等 3 个层面的规则和惩戒体系。当问责制度不当时，决策者往往会朝着追逐私利的方向来做决策（这是不知道自己无知的心态）。

举例来说，1984 年，美国联合碳化物公司在印度的博帕尔工厂释放有毒气体，导致 2.3 万人死亡。事故后的调查发现，明明有 3 套安全系统可以阻止事故发生，但是这些安全系统全都失效，部分原因可以归咎于工厂为了节省维护成本。显然，工厂的问责制度多是在考量节省的生产成本上，而不是确保工人和附近民众的安全上。

整体来看，如果国家在法规和执法上有不当的问责制度，会导致许多内部腐败事件、集体食物中毒事件、环境污染事件和金融体系崩解。如果公司有不当的问责制度，则会导致很多事故，因为经理人往往更强调生产，而非安全，因此默许员工在增加生产的名义下不遵守安全规则。

相反地，鼓励员工参与决策的组织能够有效利用公司的专业知识来评估决策所涉及的所有要素。如果企业内部欢迎并接纳个人意见，可以预期决策质量会得到进一步的改善。因此决策流程应该要减少层级，减少自上而下的控制，而且减少惩罚。

这样的话，公司会阻止不当心态，并专注在寻找事实的心态来改善决策；从过去经验中学习而改进决策，例如公开讨论先前的决策错误与近期的过失等。

在家庭层面，父母常常忽略执行良好家规的重要性，这是为了建立一套问责制度，强化小孩良好的学习与生活习惯，因为小孩往往会决定花过多的时间在玩游戏上。

集体盲从带来灾难

我们的调查发现，当大众出现不当心态时，整个国家就会进入灾难模式。

最常见的集体盲从案例，往往始于很会喊口号的政治人物。当国家环境令人绝望，大众急切寻求领导人来带领他们走出绝望时，政治人物的空洞口号经常能让他得到声望，并被选上高位。一旦坐上高位，政治人物因为缺乏管理能力而无法实践口号，便会控制新闻媒体，把亲友升上高位以保护自己，以及制定巩固权力和财富的政策。媒体在这号人物的控制下，会不断提供假信息，进一步让大众做出不好的决定。假信息可以进一步宣传空泛的口号，使天真的大众更加信赖他。这个循环可能会持续好几年，直到国家出问题。这个循环就称为"集体盲从恶性循环"。

在历史上时常会看到这样的君王，像是菲律宾前总统费迪南德·马科斯（Ferdinand Marcos）。在第二次世界大战期间，他虚张声势地声称自己是国家最出色的抗战英雄，获得过 27 枚奖牌（现在这个称号已经遭受质疑，后来证实他只得到过 3 枚奖牌）。马科斯在 1965 年被选为第十届菲律宾总统。1972 年 9 月，在第二任总统任期内因为担心共产党接管国家，他解散国会，并宣布戒严。这个状态长达 10 年，1986 年 2 月，马科斯被人民力量革命罢免，并逃往美国。在他掌权的 21 年间，菲律宾成为贫困人口和债务最多的亚洲国家，国家负债从 1962 年的 3.6 亿美元增加到 280 亿美元。

另一个一定要提到的例子是希特勒。在 1932 年的德国大选中，希特勒虽然败给保罗·冯·兴登堡（Paul von Hindenburg），但纳粹党仍是国会最大党，因此希特勒被任命为总理。此时，德国内外几乎没有人料到希特勒会用职权来拓展之后一党独大的独裁体制。然而不到一年，希特勒号召国会成员于 1933 年 3 月 24 日通过《授权法》，希特勒得到暂时性的充分权力，使他无须经国会同意便可行使职权，甚至不受国会约束。兴登堡于 1934 年 8 月病逝后，希特勒身兼总统与总理，开启 12 年毁灭式种族侵略，引发第二次世界大战。

避免投票错误

那么普通大众要如何避免选出这样的领导人，避免自己受害？

大众必须有能力辨认错误领导人的特质，并且拒绝让他们坐上高位。零错误公司在 2011 年针对错误领导人的研究指出，他们极为自私自利，却假装能够为大家带来更好的生活。我们发现错误的领导人通常有以下特质：

● 喜欢让大家把注意力放在自己身上或成为镁光灯下的焦点。

● 喊出自己或任何人都难以实现的空洞口号。

● 抛出听起来很棒却未经验证的意识形态。

● 谴责少数人，认为他们是过去问题的代罪羔羊，并发誓要铲除他们。

● 缺乏领导大团队的经验。

根据近年的历史数据，当上述 5 种特质出现 3 种时，这位当选人就有90％的概率会带领民众走向灾难。举例来说，希特勒当选时，就满足上述这 5 种特质。

自我察觉不当心态

避免决策错误的第一步就是自我察觉，了解所有导致决策错误的不当心态。可以借由反省过去的 5 个重大决策事故来察觉，事故中共同的不当心态便会浮出水面。接着，想想童年所受的教养方式，确认这些不当心态确实存在。不当心态对决策的影响便能通过一些弥补方式来减少。表 4-2 列出成功人士处理并修复不当心态的方法。

自我察觉不当心态可以减少不当心态带来的决策错误，帮助我们区分重要决策和不重要的决策。接着再针对会带来重大利益或难以挽回结果的重要决策采用零错误技巧来预防错误。这样一来，就不会受到不当心态影响。不太重要的决策可以自行判断，即便受到不当心态影响而失败也没关系，因为结果可以补救。

表 4-2　修复不当心态的方法

BOOST	
盲从	● 建立信息质量检测系统 ● 审查、验证、核实
过度自信	● 初次做决策时寻求协助或咨询有经验的人 ● 雇用专家补足知识
不知道自己的无知	● 广泛阅读 ● 向有经验的人讨教
陷入旧思维	● 根据未来利益和成本做决策，不考虑既有投资
选项只有二选一	● 考虑至少 5 种可行方案

CLIF	
自满	● 设定绩效改善标准和长期目标 ● 持续进步以达成长期目标
懒惰	● 设定截止日期，时间到就要完成 ● 建立企业决策制度，以便有逻辑地做出复杂决策
无知	● 注意内在优势、弱点、外在机会和威胁的征兆，必要时启动决策 ● 建立企业制度以监控 SWOT
恐惧	● 与信赖的朋友共同克服恐惧 ● 学会原谅

决策中，人是最大的变量，也是最容易预测的变量。

本章练习

＊ 导致失策错误的不当心态有哪些？

＊ 导致无决策错误的不当心态有哪些？

＊ 想想过去的决策错误，你有哪些不当心态？

第五章

情况警觉错误

　　察觉优势和机会可以让企业有成长空间。意识到弱点和威胁可以避免失败。利用 SWOT 警觉系统超前部署，将是企业与个人成败的分界线。

2017 年 4 月 12 日，一则美国联合航空公司超卖机位，将一位亚裔乘客暴力拖出客机的新闻引发轩然大波。在这样的商业危机下，美联航 CEO 仅表示已安排该乘客搭乘其他班机。他既没有表示同理心，也没有解决客户服务的问题。结果引发众怒，CEO 被要求下台，公司市值因此蒸发 78 亿美元。

这个 CEO 犯下的正是情况警觉错误，这是指没有警觉到需要做决策的情况，因而导致无决策。根据大数据分析，从反向归纳、正向突破的分析法，我们发现情况警觉错误的关键原因如下：

1. 没有察觉需要做决策的情况。

2. 没有识别和分析需要做决策情况的重要性（轻重不分）。

根据上万个决策事故和决策成功的案例，我们发现情况警觉是影响决策好坏的关键。有好的情况警觉，决策者可以超前部署。没有好的情况警觉，决策者遇到事情才反应过来，往往已经深陷泥沼或大难临头。久而久之，超前部署的决策者在工作和生活上都能发展顺利，而与之相反的决策者往往于公于私都一败涂地。

30 多年来，我们没有遇到过哪个成功人士是后知后觉的，也没有遇到过超前部署的人处处失败。我们发现有些小有成就的人介于两者之间，其实他们是遇到事情才反应过来的决策者。因此，超前部署的情况警觉是企业与个人成败的分界线。

决策的时机

什么时候该做决策？根据过去企业决策的案例，我们可以从 4 种决策发起要素来探讨决策的时机，分别是内在优势（Strength）、内在弱点（Weakness）、外在机会（Opportunity）、外在威胁（Threat），也就是所谓的 SWOT 分析。

SWOT 原本是斯坦福国际咨询研究所在 20 世纪 60 年代提出的决策规划工具。在斯坦福国际咨询研究所的决策规划中，用这 4 个要素来检视企业，并根据结果提出策略规划，使企业的获利达到最大。零错误公司则是在 1990 年引用 SWOT 观念作为情况警觉需要注意的重要项目。

内在优势是企业内部的优良实务，是已经存在的机会。这个优势可以进一步扩大和延伸到组织内其他还没有这个实务的部门。常见的优势通常和整个体制、流程或组织达成目标的特定功能有关。过去几年来，我们看到一些良好的企业实务，像是和组织、系统问题有关的根本原因与修正行动制度、错误预防制度、技术评鉴制度、零错误流程准备、决策启动制度、决策检讨和效能评鉴制度。

内在弱点是可能导致企业失去竞争力、利益、生产力等的内部问题。这些问题扩大后，可能会导致企业失败。因此需要找出弱点，并加以修正。企业内部可能出现的问题包括无预期的人为错误事故、设备故障导致预期外的生产中断、低效率或无效果的制度或流程、低效率或无效果的部门、项目规划不周或执行不彰而导致预算超支、产品与服务的质量问题、领导力不足。

外在机会是暂时出现的外在情况，如果有利可图，就能够发展出有益的业务。企业常见的机会包括进入竞争小的新市场；拓展优势服务和商品，吸引新客群或新市场；可取代现有产品或服务的新科技或新研发；新市场趋势；股市崩盘后的投资机会等。

外在威胁是暂时出现的外在情况，如果没有实时应对，便会造成伤害。企业经常面临的威胁包括消费者需求改变，超出现有产品与服务提供的范围；出现低成本或更有效率的新竞争者；出现替代产品；因供应商垄断而失去议价空间；因竞争者蜂拥而至，失去与消费者议价的空间；贸易战造成的高关税导致商品价格上涨；疫情造成业务损失。

察觉 SWOT

SWOT 最早应用于 20 世纪 70 年代的策略规划。零错误公司针对 SWOT 的 6 个企业因素进行广泛研究和应用，包括健康、安全、可靠度，产品或服务，供应商，消费者，竞争对手，企业形象。

这 6 个企业因素与哈佛商学院教授迈克尔·波特（Michael Porter）的"五力分析"有异曲同工之妙。波特在"五力分析"中提到消费者和供应商的谈判筹码、商品或服务替代品、新进入者和市场竞争的威胁。

我们的研究则检视 CEO 需要做出的所有决策，了解到除了"五力"之外，还有两个因素会影响企业竞争力，分别是健康、安全、可靠度，以及企业形象。

为什么要考虑健康、安全、可靠度及企业形象呢？以企业形象来说，当企业做出损害客户信任度的事，或在潜在客户面前声誉受损，便会对企业形象造成威胁。当企业遭遇公关危机，CEO 需要在黄金 24 小时内以同理心对待受害者，并积极客观地进行调查、面对问题，并提出可行方案，立即解决问题。找借口、自说自话、自怨自艾或怯懦地回应都会让威胁变成商业危机，本章一开始提到的美联航就是这样的范例。

另外，新冠肺炎疫情的暴发也证明健康、安全、可靠度如何影响企业竞争力。自 2019 年 12 月起，新冠肺炎疫情重创中国民众的健康。2020 年 5 月底之前，美国和欧洲政府忽视新冠病毒给美国人和欧洲人带来的威胁，没有充足的医疗设备、防护服和口罩可供隔离患者和医护人员使用，而且各国政府也没有系统的封锁计划。许多专家认为，因为许多政府没有警觉其严重性，导致民众无辜死亡。

需要注意的是，会影响到公司整体的 SWOT 问题才需要辨识、追踪，并向 CEO 和决策高层汇报。这些问题是关键性 SWOT 问题，如果没有实时介入，便可能导致企业的重大损失。一般来说，关键性 SWOT 问题需要全公司共同合作来解决。

对小企业来说，监督 SWOT 警讯的责任落在 CEO 和副手肩上。对大企业而言，则有太多要考虑的因素，例如从 4 个 SWOT 要素和 6 个企业要素延伸的 24 个区块都需要控管。这通常会划分成 4 到 6 个区块，每一个区块由一个单位或一位员工负责控管、评估，并向决策高层报告。

举例来说，业务发展部门可以控管外在机会，并由研发、营销、业务部门支援。风险管理部门可以负责控管外在威胁，由营销、业务、质量及安全部门支援。内在弱点和内在优势则可以由品管部门或营运部门负责，再由安全部门和其他各部门支援。每一个控管区块都需要定期向 CEO 或董事会汇报。内在弱点，例如重复出现的错误、单位效率低下、不在计划内的生产中断等，必须以系统化的方式分析、调整和修正。

对 CEO 来说，察觉 SWOT 就像是拥有一位视力良好的运动选手。视力好的篮球手才能看清篮圈位置并精准投篮。

而与企业相比，个人的 SWOT 警觉表简单多了。只需要考虑 5 个因素：健康、平安、工作、名誉、资产。

决策启动与 SWOT 警觉系统配合的重要性

以下是一个真实案例，可以看出决策启动与 SWOT 警觉系统配合的重要性。

2018 年 5 月，零错误公司有位客户请我们协助高层找出企业管理出现问题的根本原因和修正方法。这家公司发生了一连串意外事故，原因是隧道开凿工程的变压器因气候炎热、大管线破损而爆炸。事故发生在人口密集的住宅区，最终导致多人伤亡。咨询过程中，CEO 把所有事情归咎于运气不佳，认为自己的管理团队并不比同行差。

我们回溯所有重大事件，发现这家公司管理出现问题的根本原因是缺乏对内在弱点和外在威胁的意识。内在弱点和外在威胁需要一套系统来随时控管。从每一个事件的演变，到事件发生的时间点，都看得出这家公司并不了解变压器和煤气管道的关键性，也没有进行特殊修复。直到事故发生时，没有人知道这一项导致多人伤亡的隧道开凿工程很危险，可能会因为夏日暴雨产生的水洼导致坍塌。直到事故发生时，没有人知道高温、有风有雨的夏天可能会使火势蔓延，并导致隧道坍塌。如果这家公司知道这些内在弱点和外在威胁并加以控管调整，就可以预防这些事故。例如把变压器移到别的地方，一旦发现煤气管道内气压过高便加装快速隔离阀，或用地下雷达侦测是否有水坑。

这并不是说公司的高层管理团队必须对公司里的每一个变压器、煤气管道和建造工程了如指掌，重点在于关键性。以这家公司来说，2000多个变压器中，只有2个装在人口密集区域，而且被树丛包围，其中一个就导致了这场大火。我确认整个煤气管道保护系统，唯一没有快速关闭装置的大管道就是爆炸的那一段。另外我也看了这家公司过去3年进行的6000多个建造工程，只有一项隧道开凿工程在夏日暴雨中进行，就是这项导致多人伤亡的工程。

我们把这些关键性弱点或威胁称为单项弱点，指的是有很高概率会导致不可挽救后果的不利条件或错误。而这家公司的系统里就存在单项弱点，最终导致事故发生。

除非及早找出单项弱点，否则这些潜在的关键性单项弱点会不停带来麻烦。这是警觉优势、弱点、机会、威胁的一部分，我称之

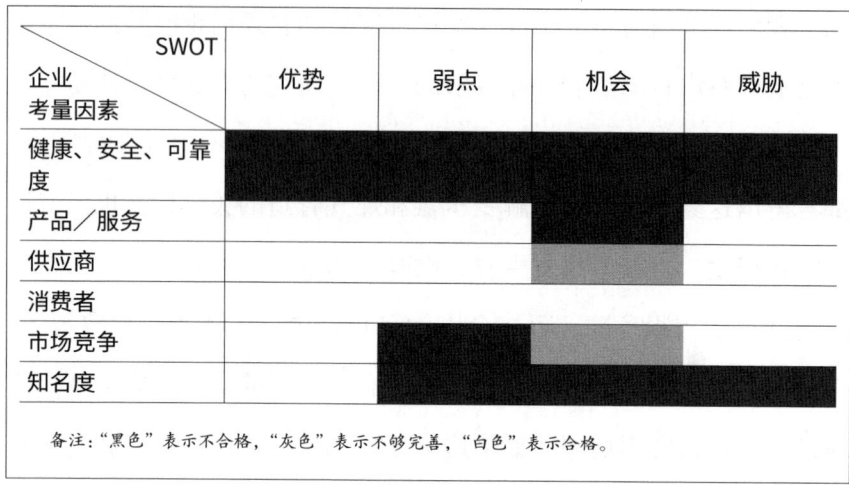

图 5-1 SWOT 警觉评估表

为 SWOT 警觉。一家好公司要保持成功，就需要全方位的警觉系统。

图 5-1 是我们对这家公司 SWOT 警觉系统的评估。黑色表示不合格，灰色表示高层管理不够严谨，白色表示合格。

从这个图来看，这家公司没有辨识健康、安全、可靠度相关重大问题的系统。这是领导问题，因为只有公司的领导人有权力建立 SWOT 警觉系统。

而在这家公司的组织和流程中，只有一两个部门做得非常好，其他部门都不尽如人意。因此我建议公司，可以考虑把做得好的部门找出来，让其他部门效法。另外，公司的仓管人员可以分成好几组，每个月每一组仓管人员都要找出物料处理错误的原因。每个月底，主管会颁发奖金给获胜的组。

目前，这套制度已经执行好几年，他们的错误率比其他公司要少很多。这套制度也可以用在抄表部门或现场维护部门上。另外，这家公司过去并没有提升顾客关系的制度，无法找到拓展产品或服务的机会，提升顾客关系的制度很重要。

总之，SWOT 警觉系统考量优势、机会、弱点与威胁。察觉优势和机会可以让企业有成长空间，意识到弱点和威胁可以避免失败，两者对于打造成功的企业都很重要。SWOT 警觉系统改善一年后，我受邀回去检视这家公司 SWOT 警觉系统是否有改善。我发现新建立的系统在健康、安全、可靠度和产品或服务区块有显著改善。

举例来说，公司针对健康、安全、可靠度提出潜在风险鉴定计划，鼓励每个部门的每位员工汇报可能导致意外或灾难的潜在威胁。这些威胁包括违反"职业安全卫生法则"的工程架构或惯例、没有

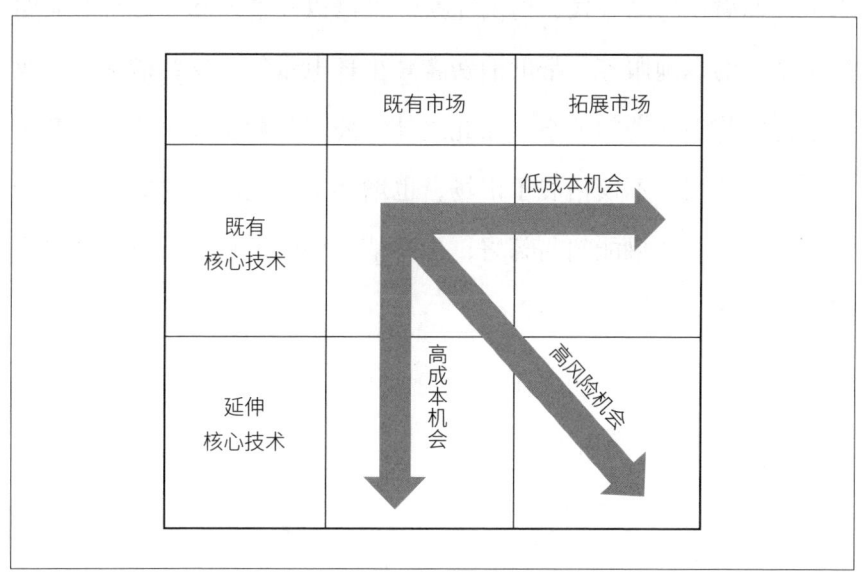

图 5-2　3 种会因信息错误而忽略的商机

汇报有潜在风险的流程等。他们共找出 2040 种威胁，解决所有急迫性的威胁以及 45% 的短期威胁。

此外，他们针对产品或服务相关的机会找出核心技术和核心市场，并且制订机会意识策略，通过提升现有客户的服务质量及提高市场占有率，拓展核心技术。这个机会意识策略如图 5-2 所示。

这个图可以看到机会来自两个方面：一个是拓展市场，另一个是延伸核心技术。一般来说，拓展市场的投资回报率较低，但只要出现需要公司核心技术的新市场，机会就会存在。

延伸核心技术的投资回报率相对较高，一旦从另一个产业找到或刚开发出相辅相成的技术，就会有机会。延伸技术可以为原来的核心技术加分，并提升对原有消费者的吸引力。

通过刚刚提到的策略，这家公司把好几项延伸服务加到核心技术上，如简化付款方式、提供瓦斯炉维修以及替换和安装智能照明控制系统的本地服务、帮助消费者减少耗电量等。这些措施大大改善了他们与消费者的关系。除此之外，公司收购了几家原本是竞争对手的小公司，不仅拓展了市场，也增加了利润。从这家公司的例子可以知道，如果能超前部署，预防情况警觉的错误，成功的概率将大幅提升。

每个失败都会有明显的前兆，只是你没有看到。

本章练习

* 启动决策需要考虑的 4 个要素是什么？

* 是否能针对你的企业，列出几项可以启动决策的 SWOT？

* 是否能针对你的个人生活，列出一些可以启动决策的
  SWOT？

第六章

决策启动错误

若决策时机太早，可能会因为信息不够充分而无法做出好决策。若决策太晚耽误了时机，危机可能已经变成灾难。

20 世纪 70 年代的科技界与现在不同，当时的技术先锋是美国施乐公司。它是第一家发明个人计算机的公司，产品在当年遥遥领先同业。现在流行的图形界面操作系统，也是施乐公司的发明。这项科技让乔布斯做出第一代苹果电脑，让比尔·盖茨开发出微软操作系统。

不过，施乐公司当时的 CEO 大卫·科恩斯（David Kearns）坚信复印机是公司的未来，数码产品无法替代白纸黑字，结果公司在个人计算机和图形界面操作系统上的无决策，导致公司节节败退。施乐公司的问题就在于决策启动错误。

决策启动错误简称启动错误，指的是启动决策时机不当造成的错误，根据反向归纳、正向突破分析法的大数据分析，这种错误不是决策太早，就是决策太晚。若时机太早，可能会因为信息不够充分而无法做出好决策；若决策太晚耽误了时机，危机可能已经变成灾难。

利用 SWOT 预防启动决策错误

2018 年 6 月 23 日，我在美国印第安纳州波利斯市一家公司的会议室里提到决策启动时机的重要性。这是一家跨国连锁制药集团的总部，公司过去几个月发生了两起重大事件，其中一件是因为意料之外的污染物导致整个生产系统停摆，另一件则是新产品的市场占有率远输于竞争对手。因为过去 3 年来公司发生的重大事件，无论生产损失、工伤事件，还是人为因素导致的收益损失等，全都有增加的趋势，所以集团 CEO 委托我们公司找出这些事件发生的共同因素，并解决问题。

我和同事分析这两起事件发生的根本原因，也针对过去 3 年来影响公司运营或导致意外损失的 42 起事件进行分析，我们发现基本的共同因素就是不当的决策启动系统。

确切地说，有 23 起事件和不明污染物有关。这些事件在组织与制度上出问题的共同因素是有 11 起事件和人为错误导致的生产损失有关，组织与制度上出问题的共同因素是对于单一错误会发生事故的情况没有事前预防和管理。我们称这种人为犯错的情况为单项弱点。有 5 起事件和不正确、易出错、难以理解的流程步骤有关，组织与制度上出问题的共同因素是缺乏流程准备和确认流程，也没有合适的人来订正和检视流程。有 3 起事件和厂商设备质量有关，组织与制度上出问题的共同因素是采购流程不当，没有要求测试设备质量。

因此，我们认为这家公司需要一套系统来分析组织与制度上的问题，以及启动决策解决问题。换句话说，内在弱点只是其中一种预防问题发生的方法。还可以针对外在威胁做决策、针对商机浮现的征兆做决策、针对企业内部优势做决策。企业启动决策需要从这 4 个方面着手：优势、弱点、机会、威胁。当我们知道 SWOT 时，就要做出适当决策。

根据零错误公司过去的数据，我们发现一家公司如果能控管 SWOT 并适时确认情况、做出相关决策，就能够将利益最大化。我们分析过去 145 件与系统导致无决策错误的失败案例，发现多数启动错误与内在弱点有关，占 45%；决策启动的第二大类错误案例与威胁有关，占 26%；第三大类与处理内在优势时的决策启动错误有关，占 15%；占比最低，却相当重要的是与面对外在机会时的决策启动错误有关，占 14%。

比起内在弱点与外在威胁，与内在优势与外在机会相关的决策启动错误较少。因为在一般企业中，优势与机会本来就比威胁和弱点少得多。内在弱点与外在威胁是难以控管的危机，而内在优势与外在机会则是很好管理的商机。

实时启动决策的成功案例

在商业界，大多数成功的企业之所以能够成功，是因为实时启动决策。就以电动汽车公司特斯拉为例。工程师马丁·艾伯哈德（Martin Eberhard）和马克·塔彭宁（Marc Tarpenning）于 2003 年 7 月创办特斯拉汽车，也就是现在的特斯拉。2003 年，电动汽车仍是一个市场潜能未知的新颖想法。2004 年，埃隆·马斯克（Elon Musk）比其他人更早投入资金和精力，首先预见高可靠度的电动汽车会有庞大商机。他准备好几笔资金，并和杰弗瑞·斯特劳贝尔（Jeffrey Brian Straubel）、伊恩·莱特（Ian Wright）一起加入特斯拉。后来他带领特斯拉迈向卓越，2019 年在充电桩与电动车电池的市场占有率分别达到 17% 与 23%。

第二个例子是搜索引擎巨头 Google。1996 年，两位斯坦福大学学生拉里·佩奇（Larry Page）和谢尔盖·布林（Sergey Brin）研发出搜索小引擎，特别的地方在于使用自己开发的网页排名技术，可以根据页数及页面重要性决定网站相关程度，并链接回原始网页。当时，搜索引擎通常是根据关键字在网页中被搜索的频率来决定排序结果。

因为这个产品好评如潮，佩奇和布林开始研发名为 Google 的测试版本，那是一个不确定会不会有巨大市场的构想。他们一开始尝试将搜索引擎开放授权，但开发初期却没有人想用。后来佩奇和布林投入少量资金、刷爆信用卡，将 Google 打造成更好的产品，成功使 Google 在 2004 年正式上市。

决策启动错误的案例

因决策启动错误而失败的案例很多，酿成金融海啸的次贷危机就是其中一个例子。2006 年 11 月，贝尔斯登公司的资本额还有 667 亿美元，总资产达 3504 亿美元。但是到了 2007 年 6 月 22 日，贝尔斯登提出高达 32 亿美元的抵押贷款，要为旗下高级结构化信用策略基金纾困。2007 年 7 月 16 日那周，贝尔斯登透露两家避险基金因为次级抵押贷款的市场急速下跌，几乎一文不值。2008 年，美国联准会提供 28 亿美元为贝尔斯登公司纾困。不久之后，贝尔斯登以市值的 7% 出售给摩根大通集团，成为第一家因为次级抵押贷款危机而倒闭的金融公司，之后一连串的金融公司因次贷问题倒闭，如雷曼兄弟控股公司。在贝尔斯登倒闭之前，公司里没有人分析过经济衰退时的次贷风险。

雅虎奇摩也犯过没有抓住外在机会的决策错误。2005 年，雅虎奇摩曾是在线广告的主要市场玩家，但因为低估搜索引擎和社群媒体的重要性，一心决定先打造出自己的媒体产业，再来发展搜索引擎和社群媒体业务。这个决策忽略了消费趋势，以及提升用户体验的需求。雅虎奇摩虽然获取了大量点击量，却没有因此将之转换成盈利。

同样地，在社交平台市场也出现相似的状况。在 Facebook 出现以前，MySpace 曾是最大的社交平台。有趣的是，2005 年 MySpace 联合创始人克里斯·德沃夫（Chris DeWolfe）曾与 Facebook 创始人马克·扎克伯格（Mark Zuckerberg）讨论收购案。扎克伯格打算以 7500 万美元的价格将 Facebook 卖给 MySpace，却遭德沃夫拒绝。

因为 Facebook 的成长，MySpace 的用户量开始下滑，所以公司决定改变利基市场。过去 MySpace 以自由抒发著称的平台当作最大卖点，后来这却成为用户离开的理由。

同样地，百视达面对竞争对手的威胁，也因决策启动错误导致业绩下滑。2000 年时，新创公司 Netflix 的创始人里德·哈斯廷斯（Reed Hastings）飞到达拉斯，向百视达 CEO 约翰·安提奥科（John Antioco）及其团队提合作案。哈斯廷斯希望 Netflix 能成为百视达的在线品牌，并获得百视达在实体店面的宣传。结果哈斯廷斯被整间会议室的人奚落一番。接下来的事我们都知道了，百视达于 2010 年破产，Netflix 则是市值达 900 多亿美元的企业。原因就出在安提奥科在面对 Netflix, Redbox 和 iTunes 的威胁时，没有做出任何决策。

不过，光是启动决策并不足以保证成功，还必须要有正确的决策时机才行。决策时间过早，信息不足以确保 SWOT 的真实情况；决策时间太晚，情况便会难以控制，或是机会可能消失。

在上述提到的 4 个企业案例中，贝尔斯登、雅虎奇摩、MySpace 和百视达都是因为决策启动错误而失败。即便做了正确的决策，仍无法保证能阻止最后的失败，除非他们在正确的决策时机启动决策。

最佳决策时机

什么是启动正确决策的最佳时机？根据约 200 个决策时机错误

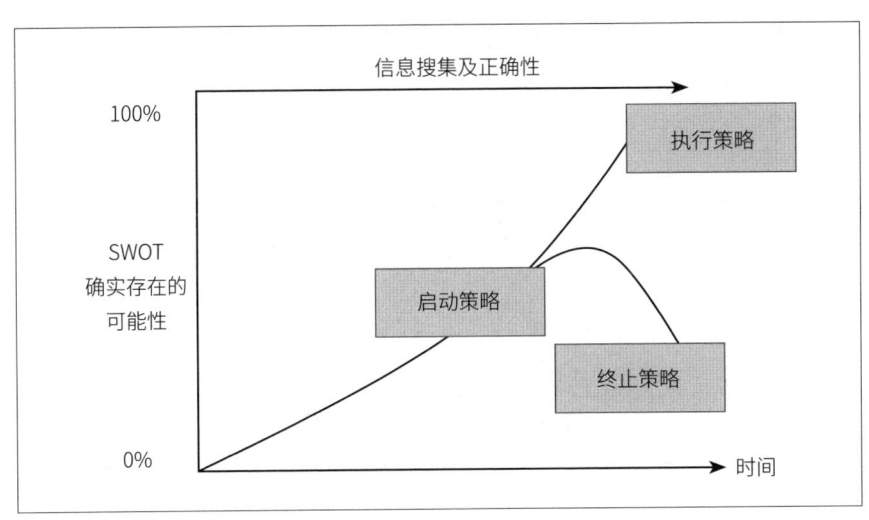

图 6-1　确认 SWOT 存在及决策窗口

的企业案例，我们发现最佳决策时机受两个要素影响：一个是正确信息的传递，以确保 SWOT 情况；另一个是 SWOT 的损失选项比。损失指的是灾害发生时的严重程度，包括损失潜在利益或既有资产的负面影响，选项指的是降低损失的方案数量。损失选项比是一种判断执行决策紧急程度的指标。

决定决策时机好坏的两个要素，可以用两张图说明。

图 6-1 显示 SWOT 情况随时间变化的正确性。随着时间流逝，搜集到、能分析的信息越来越多。这样一来，就更能确定 SWOT 的情况。我们的大数据分析发现，最佳决策时机会出现在 SWOT 真实存在的概率超过五成的时候。若在尚未确定是否存在 SWOT、概率只有一半时做出决策，便可能浪费许多精力在空穴来风的可疑情况上。

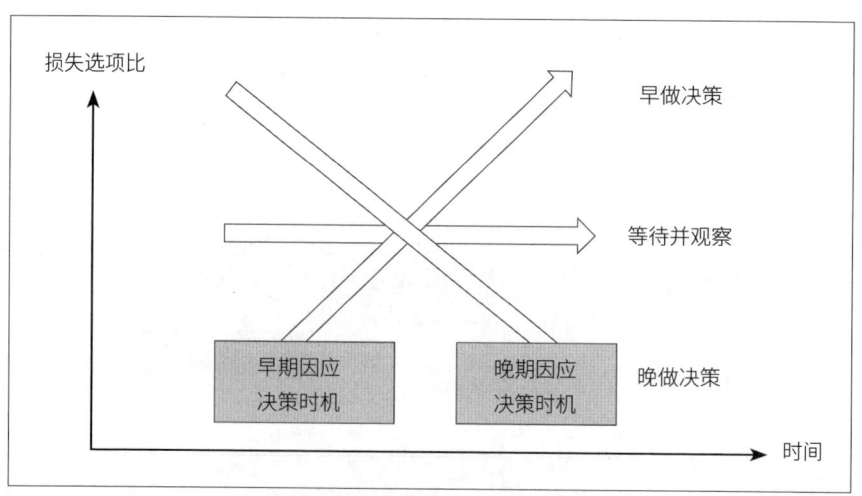

图 6-2　危机时的决策窗口

若有超过一半把握可以确定 SWOT 存在，就必须做出决策，但不要立刻执行。在决策时机内做出决策后，可能有 3 种情况：改变方向、延缓计划、执行决策计划（见图 6-2）。

当搜集到越来越多信息时，若发现 SWOT 情况不存在，便可以终止决策。当损失选项比下降时，可以延缓决策。一旦确定 SWOT 存在，或损失选项比上升，就要立刻执行策略计划。

我们遇过的多数危机中，损失选项比会改变。有时候会快速变化，在一夜之间高得无边无际。如果损失选项比在往上升，一旦确认 SWOT 情况确实存在，最好赶快做出决策并执行计划。如果损失选项比在下降，那么最好延缓决策和执行。损失选项比没有变动是极为罕见的情况，若发生这个情况，最好等待并观察是否有任何非预期事件能促使损失选项比上升或下降。

选择决策时机的重要性

2019 年，波音 737 MAX 系列飞机全球停飞并损失大量订单，正是决策者没有在事态失控前及时启动决策的案例。波音公司不仅遭受巨大损失，接下来还得花许多年去弥补，才能重新获得客户的信赖。

这场灾难要从设计疏忽开始，这款客机只有一个传感器，只要这个传感器失灵，就会触发机动特性增强系统，导致过度俯仰的问题。波音 737 MAX 系列飞机之所以会加装触发机动特性增强系统，是因为这个系统可以在时速减慢且为手动模式时，自动使 737 MAX 系列的机身俯仰。对驾驶员来说，触发机动特性增强系统是全自动导航且清楚易操作的系统。波音公司认为，驾驶员只要具备波音 737 MAX 飞行资格就够了，没必要再取得传感器操作的资格。

不过到了 2018 年 10 月 29 日，印尼狮子航空公司 610 班机从雅加达机场起飞后不久，便俯冲向下坠机，导致机上 189 人全数罹难。坠机事件后，许多专家与数名操作时遇到控制问题的驾驶员，对波音公司在触发机动特性增强系统方面的问题提出质疑。波音公司 CEO 丹尼斯·米伦伯格（Dennis Muilenburg）事后公开表示波音会全力配合政府调查。

2019 年 3 月 10 日，与第一场空难时隔 5 个月，埃塞俄比亚航空公司一架波音 737 MAX 客机于起飞后 6 分钟坠毁，机上 157 人全数罹难。2019 年 3 月 13 日，美国联邦航空管理局发布紧急命令，要求美国境内所有波音班机暂时停飞。就像一些驾驶员提到的，其中一个问题就是波音停用传感器异常的警报器，原本这个警报器可以在异常发生时对驾驶员发出警告，让驾驶员在传感器失灵时关闭触发机动特性增强系统。3 月 19 日，全球 387 架波音 737 MAX 系列客机全数停飞。2020 年秋天，美国联邦航空管理局才开始考虑重新认证波音 737 MAX 的复航。在重启认证以前，波音公司已损失 600 至 800 架客机订单。

2019 年 6 月 16 日，第一场空难发生的 8 个月后，波音公司 CEO 才承认波音公司在 737 MAX 系列的驾驶舱警报器处理上有所疏忽，公司的管理层在警报器上的说法前后不一，导致消费者不满。

2019 年 12 月 23 日，波音公司 CEO 米伦伯格因未能处理这场危机而遭到解雇。回过头来看，米伦伯格和管理团队在第一场空难事故后，可以采取保守做法，立刻重启警报器功能，以确保乘客免于空难。如果采取这个做法，就能够避免第二场空难。这样一来，也许能避免或减少全球停飞和大量取消订单的损失。至于停飞和取消订单，部分原因是对波音公司的管理层失去了信任。

简而言之，想要预防决策启动错误，重点在了解内在优势、内在弱点、外在机会与外在威胁，并在适当的时机启动决策，这样就可以掌握机会，化解危机。

> 太早做决策就像早产，太晚做决策则像晚产，不管早产还是晚产，生下来的小孩都比较容易出问题。

本章练习

* 请试着说出损失选项比的定义。

* 没有在对的决策时机启动决策，可能导致运营出状况。你是否有过这样的经验？从中学到了什么？

* 没有在对的决策时机启动决策，可能会让人在生活中遭遇挫折。你是否有过这样的经验？从中学到了什么？

第七章

目标策略不一致

长期目标、策略、短期目标保持一致很重要。《哈佛商业评论》刊登的研究成果发现，毕业 10 年后，写下目标的人比其他 97% 没写下目标的人收入多出很多倍。

目标策略不一致指的是决策启动和设定长期目标时犯下的错误。企业要成功，决策者一定要有明确的短期目标，并运用适当的商业决策来达成长期目标。

根据反向归纳、正向突破分析法的大数据分析，我们发现，目标策略不一致的主要原因有：

1.决策者的企业长期目标和策略不协调。

2.短期目标与设定的策略不一致。

3.短期目标不明确。

商业上的目标策略不一致导致许多企业失败，其中最著名的就是 2000 年美国在线公司与时代华纳公司的合并。合并后，新公司成为全球最大的科技媒体公司。但两家公司因为策略整合并不协调，在一连串的合作策略上未能取得共识，无法达成协议目标。2009 年宣布合并失败，并分割为 3 家独立公司。美国在线创始人兼 CEO 史蒂夫·凯斯（Steve Case）说，并购失败是因为"光说不练的愿景是空想"。

若目标策略不一致发生在个人生活中，会导致时间和精力的浪费。

前置决策

商业策略可以分为 3 个阶段：找出长期目标、找出达成目标的策略、在目标与策略框架下拟定阶段性任务，也就是短期目标。

　　99％以上的商业决策都是阶段性任务，如协商时的决策、找供应商的决策、回应威胁或机会的决策等。只有1％是建立长期目标及达成目标所需策略的决策。长期目标和策略可能会随着事业进入不同阶段而改变，这1％的决策通常是由CEO或董事会决定。也因为这样，从企业员工的角度来看，这1％的决策称为前置决策。

　　企业要成功，必须及早做出前置决策，所有后续相关决策才能在前置决策的框架下做出。举例来说，如果一家公司生产低成本的替代性产品，长期目标便可能是成为区域性龙头，销售替代性商品给某些高端产品使用者。支持这个目标的策略可能是找到国外低成本的供应商和高产能的本地厂商，将关税和运费降到最低。有了这个目标策略，便能辨识出SWOT情况，并启动合适的决策。例如找到可以降低国外供应商成本的机会，就要启动决策去开发机会。同时，也要忽略虽然能改革产品却需要投入可观成本的机会。同样的道理，要对影响产能的威胁做出回应，例如集体罢工或天灾都会使生产运作停摆一段时间。

　　若企业的长期目标和策略不明确或是没有清楚传递给所有员工，与决策相关的阶段性任务可能会出现反效果，导致企业发展受到阻碍。举个例子，柯达砸了一大笔资金和人力开发在线数码服务软件，却导致新业务与自家胶片业务相互竞争；摩托罗拉的手机策略长期以来存在的问题是，高价位手机和低价位手机的功能几乎完全相同。最后，柯达和摩托罗拉都名存实亡。

　　在个人生活中，我们经常在知道人生目标时做出决策，并决定以什么策略达成目标。策略是根据大数据的统计分析或过去的实际经验来拟定，确保可以达成目标。

做决策时，长期目标、策略、短期目标保持一致的重要性如图
7-1所示。这个图根据制定长期目标、策略和短期目标时犯的错误
数量，把成功的企业或个人与不成功的企业或个人区分开来。左边
区块显示，成功企业或个人有长期目标，并有策略去达成目标。随
着短期目标增加，所有与阶段性任务相关的决策都和中心策略在同
一条轨道上。所有决策都依据中心目标发起，这样一来，就会全心
投入几种特定的SWOT情况。随着时间流逝，策略轨道上的决策会
让企业或个人进步得很快，并在最短时间内达成目标。

右边区块显示，不成功的企业或个人往往没有长期目标与策略。
因此，就算对所有SWOT信号做出回应，发起或做出各种决策，许

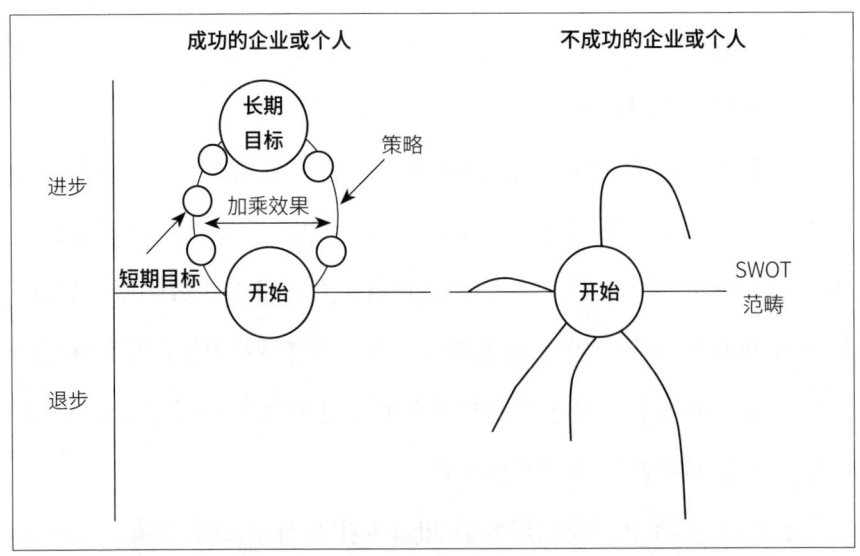

图 7-1 长期目标、策略、短期目标

多决策反而会有负面效果。随着时间流逝，不仅没有带来进步，反而导致退步。

目标设定错误

一家企业通常会依据特定市场、产品或服务加以发展任务和目标，如软件、计算机硬件、特殊领域的顾问服务等。任务是企业根据自己所能提供的商品所要达到的目的，长期目标是企业未来希望达成的愿景。目标的设定通常会像这样：蔬果商贩要给当地人百分之百的当地食材，慈善机构要让贫穷孩子免费接受教育，某软件公司要成为企业对企业沟通的领导品牌。

近期和短期目标是达成长期目标的里程碑。这些目标要比长期目标更具体，甚至可以量化。企业可以设定一年、两年或三年内要达成几个短期和中长期目标。举例来说，企业的短期目标可以是建立信息整合系统、打造欧洲销售团队、用户量增加 25% 等。

对企业来说，设定长期目标能让公司往特定方向发展。一旦设定长期目标，就能搭建起策略道路来达成目标。目标设定错误与以下情况有关：

● 没有写下明确（Specific）、可衡量（Measurable）、可实现（Attainable）、符合实际（Realistic）、有时间期限（Time-bound）的企业目标（这 5 个条件合称 SMART）。

● 企业目标没有下达各部门，导致部门目标无法支持企业目标。

● 缺乏目标评定的绩效责任制。

避免目标设定错误不仅对企业很重要，对个人来说也是。1979年《哈佛商业评论》刊登的研究证实了设定人生目标的重要性。研究发现，参与研究的人当中，83%的人没有人生目标，只有17%的人有人生目标，而只有3%的人将人生目标写下来。毕业10年后，写下目标的人比其他97%的人收入多出很多倍。

策略设定错误

达成企业目标的各种策略应该要有综效，包含以下指标：

● 经验累积与分享。

● 共享各项策略的资源，如物流、供应链、销售能力、行政支持等。

● 各个策略下的既有产品或服务发挥综效，进而有扩大市场规模的效果。

● 针对相同市场，比单一策略有更多销售量。

当所有策略都有这4项指标，就会有很大的综效。没有这4项指标，就没有综效。没有综效，企业就会因为品牌定位不明确有所损失，因为既有消费者会对企业目标感到困惑。出现品牌定位不明确时，便可能会失去某些既有的消费者。

根据256个企业失败和成功的案例，包含企业多样化的策略，我们发现综效几乎和多策略企业的成功概率成正比。有了上述 4 项综效指标，企业失败的概率非常低，成功的概率会非常高。

典型成功案例就是迪士尼。迪士尼有四大业务：动画、主题乐园、住宿、游轮。这四大业务的综效非常强大。举例来说，消费者在这四大业务中都可以看到动画角色。在每个业务中，通常会销售另一个业务的商品或服务。也就是说，消费者买了一组度假套票后，可以待在迪士尼饭店（或度假村）、乘坐迪士尼游轮、到迪士尼主题乐园游玩、看免费的迪士尼电影。

针对这 256 个案例研究，我们用 0~25 分来评估这 4 项指标的综效。相加之后的最高分是 100 分，最低分是 0 分，进而算出综效质量指数。接着，我们检视 13 组拥有相同综效质量指数与综效程度的失败案例，发现综效质量指数下降到 30% 的时候，便可以预测这个综合策略百分之百会失败。以下介绍两个典型的多样化策略失败案例。

第一个是可口可乐公司。1977 年，可口可乐创立葡萄酒子公司酒谱（Wine Spectrum），与泰勒酒庄（Taylor's）、斯特灵酒庄（Sterling Vineyard）、蒙特雷酒庄（Monterey Vineyard）合作卖酒，期望卖酒业务和气泡饮料业务达到综效。不过可口可乐遇上了劲敌——民间酒商嘉露（Gallo），一番操作下来，不但卖酒业务不振，对于原来的气泡饮料业务也没产生什么综效。1983 年，可口可乐将酒谱抛售给一家民间投资公司。根据综效质量指数分析，我们发现这项综合策略的指数只有 15%。

曾经一度成为台股股王的宏达电（HTC）也犯过同样的错。如今 Android 智能手机的流行品牌众多，但开发出第一台 Android 手机的却是宏达电。宏达电因此在 2010 年时得以和苹果公司分庭抗礼。和苹果公司的 iPhone 系列不同的是，宏达电在 Desire 和 Sense 系列首波成功后，并没有推出 Sense 的新版本，而是开始把重心放在营销"时钟和天气"小工具上，这两个小工具原本交由软件开发公司做就好。另外，宏达电也消耗过多精力与音响品牌 Beats 合作，这两个品牌在吸引手机用户上都不成功。投入过多力气在非核心业务并尝到败绩后，要再推出与同行竞争的产品功能，如大屏幕和更好的软件等都已太晚。最后压垮宏达电的是请小罗伯特·唐尼（Robert Downey Jr.）代言，却没有好好介绍自家产品与其他产品的不同。截至 2020 年，宏达电在台湾智能手机市场的占有率只剩下 4%。

短期目标设定错误

短期目标不仅要与策略一致，而且还不要过于崇高或产生反作用。常见的短期目标设定错误有以下 3 个原因：

● 短期目标与设定的策略和目标并不一致。

● 短期目标太过高远。高远意味着目标并不明确、无法衡量、难以达成、不符实际与没有时间期限，也就是说，没有 SMART。

● 短期目标产生反作用。

决策的有效执行表示事情朝着计划的方向进展。举例来说，在制定一个流程复杂的计划过程中，通常做决策时会回答下列问题：

● 如何将复杂的问题分解成很多个小问题来解决？

● 有多少个小问题？

● 谁最适合解决这些小问题？

● 我们应该使用哪些解决方案？

● 应该配置什么资源？

● 如何测试与验证这些解决方案？

如果决策太过高远，像是一次性解决一个复杂的问题、寻求遥不可及的机会、与一家过去没有任何往来的公司成立合资企业，或是认为一项事业或一个产品一定会成功等，全都充满高度不确定性，所以很可能会失败。在这种情况下，我们需要缩小决策目标。缩小意味着做出比原来范围更小、时间更短的目标。

举例来说，与其仓促做决策去解决一个复杂问题，不如将复杂问题解构，各个击破；与其做出追求过于高远目标的决策，更好的做法是以朝着这个高远目标迈进的较小步伐，做出更小的决策；与其做决策与过去没有任何往来的公司成立合资企业，更好的做法是做出较小的合资计划决策，以便在合资成熟前赢得彼此的信任；与其做出与未来很多事情（例如未来 5 年）相关的决策，更好的做法是为每年的事件做出更小的决策，以便将来朝着目标不断迈进。

在个人生活中，我们的日常决定有时也会和长期决策背道而驰。例如在家庭中，丈夫和太太都希望有平静的家庭生活，以达成幸福婚姻的目标。然而，当彼此试图决定日常分工、去哪里吃晚餐，或用多余的钱买什么东西时，其中一方可能会比较强势，没有适当的讨论或考虑另一方想要什么和需要什么。所以，强势那方的生活短期目标便与夫妻二人的长期策略背道而驰。

人生的长期目标、策略与短期目标

我想用自己的经验来说明设定人生目标与策略的重要性。我在麻省理工学院读书的时候有两个室友，马克和艾伦。他们两个都很聪明、积极，充满个人魅力，两个人都念信息工程专业。要说这两个人的差异，那就是马克比艾伦更加认真地完成作业，而且马克的家境比艾伦富裕许多。他们都想拥有自己的事业，希望在业界出人头地，这对他们来说是很重要的目标。40 年前，我认为他们最后都会达成目标。但时间告诉我，他们走向了完全相反的路。

马克一开始是软件工程师，很快就晋升为加州帕罗奥图市一家电脑公司的经理。他看到帕罗奥图市的房地产蓬勃发展，所以考取了房地产业从业证照，开始在晚上和周末卖房子。还没听说他做成什么大项目时，他就告诉我，他被一家新创的配音公司找去当 CEO。过了几年，我听说马克所在公司的市场被雅虎奇摩取代，但他得到了一笔很大的资金创办电池公司，要开始生产高效能的汽车电池。又过了几年，我听说马克的事业失败了，因为特斯拉生产的电池在汽车电池市场独占鳌头。但他获选成为一家中美合资企业的 CEO，要在中国生产笔记本电脑。同时，他很兴奋地告诉我，他发现中国可以用美国五分之一的价格生产西式家具。所以他从两位投资人手上得到一大笔资金，要在美国 15 个州开家具公司。几年后，他的太太琳达突然出现在我家，她说她跟马克离婚了，准备回巴黎老家。她是来说再见的，还说马克因为要偿还家具公司的巨额担保贷款而破产。

至于艾伦，他毕业后在一家大软件公司待了 15 年。后来他告诉我，他在协助公司开发人工智能的子部门。过了 5 年，艾伦兴奋地打电话告诉我，他看到一个把人工智能应用在感知识别领域的商机，他要扩大团队抓住机会。他还告诉我，他拒绝了两家竞争对手公司提出的研发副总职位及大幅加薪。不久后，我读到一篇关于艾伦的新闻采访。他离开了供职的软件公司，和另外 3 个工程师创办了一家新公司，研发机器人的视觉和语音识别技术。现在，他已经是美国亿万富翁榜上的名人。

认识马克和艾伦那么久，我不禁想，到底是什么差异让他们有截然不同的结局？左思右想，才发现最大的差异就是他们的策略。马克没有清晰的策略，而是试图抓住迎面而来的所有机会，但他可能因为过度自信，没意识到自己的专注力有限。艾伦则有很明确的人生策略，那就是成为高新技术领域的领导者。

为人生目标拟定策略

策略对我们的人生也很重要，甚至在我们年轻的时候就需要思考。

就以我的小孩为例。我有 4 个孩子，去年我要他们做 MBTI 职业性格测试，并选择自己想做又符合自己性格的工作。我的大女儿想要当成功的建筑企业家，和她伯伯、我的哥哥邱烨一样；我的二女儿也想当建筑师，还想有个好丈夫和幸福的家庭；我的大儿子想当银行投资家，想开开心心的不要家庭负担；我的小儿子想当发明家，还要找一个像他妈妈一样金发蓝眼的模特结婚。

听完他们的人生目标以后，我开始把话题带到策略的重要性，以策略作为框架，做出人生抉择。因此，我对 4 个孩子说："孩子们，你们已经找到自己的人生目标了。现在，你们要想出一个或多个策略来达成目标。"

大儿子凯文马上发表意见，说："爸爸，为什么？我只要努力就可以实现目标了呀，不需要什么策略。"

我回答："不，凯文，你需要一个策略。这个策略可能会改变，但有了这个策略，你就知道要参加什么课后活动、在学校要读好什么科目，以及课业之外你还需要学什么。"

凯文问："好吧，那你对我的策略有什么建议吗？"

我建议说："短期目标是考上经济系，成为特许金融分析师。或者另一个策略是读数学系，成为股票交易专家。特许金融分析师看的是好几种投资的走势，包括债券、股票、房地产，帮客户做个人理财规划。股票交易专家则是帮客户交易股票。你喜欢哪种？"

凯文回答："爸，我想当特许金融分析师。这个工作会让我过上优渥的生活吗？"

我说："当然，你想过多好就有多好。要当特许金融分析师的话，你的数学和总体经济学要很好。今年暑假，别去妈妈帮你安排的计算机软件夏令营了，去我朋友在洛杉矶的金融公司当实习生吧。"

我知道凯文很喜欢历史和数学，所以我继续说："你上大学之前只有几个暑假，不能把暑假浪费在和自己的人生策略没有关系的事情上。除了暑期实习，我建议你把选修课程从历史换成数学。把时间花在和策略有关的事情上才能进步。从现在起，你做的每个决定都必须以成为特许金融分析师为目标来思考。这样一来，才能事半功倍。"

讨论完后，我把马克和艾伦的故事跟他们分享，请他们把每一个长期目标的策略都写下来。每个孩子都很苦恼，努力思索达成目标的策略。结果，大女儿想出的策略是主修建筑学和商业管理双学位。她也放弃了许多耗费时间且与策略不一致的活动，到我哥哥的公司当实习生。二女儿除了上艺术设计课程，还开始帮我太太做家务、学做菜。最小的儿子把暑期活动从溜冰改成参加机器人夏令营和软件程序夏令营。至于跟一个像妈妈的人结婚这点，他还没想出可行策略。

一旦根据策略启动决策，就应该要拟定短期目标。举例来说，若发现威胁存在，例如另一家拥有低成本商品的公司正在进入市场，短期目标便是暂时降低价格以阻止对方在市场上迅速成长，这样也能争取时间找到更好的供应商；也可以收购对手公司，以达到永久铲除对手的短期目标；或者跟竞争对手学新招数，正面迎击；又或者把以上三种都设定为短期目标。根据成本效益分析，就能筛选出和策略一致的短期目标。

因此，在策略框架下，可以根据成本效益筛选短期目标。一旦选择实现短期目标，就能够启动决策以实现目标。如果短期目标太难实现，就要再将其划分成许多更小的短期目标。

一家公司在没有大方向和策略下做决策，就会随波逐流，最终被市场淘汰。

本章练习

---

* 你的人生目标是什么？有什么策略吗？

* 你的事业目标是什么？有什么策略吗？

* 这些策略可以让你实现目标吗？

第八章

信息错误

信息错误是导致决策失效的首要原因。如果信息能让好的决策者去延伸或推论，就可以做出好决策。

在投资界里，每隔几年就会出现一些大型骗局。其中最著名的一个例子就是伯纳德·麦道夫（Barnard Madoff）设下长达 20 年的庞氏骗局。麦道夫的基金号称每年都可以稳定得到10%以上的回报率，绩效直追巴菲特。但是如果仔细观察就可以发现，麦道夫从不提供报表，无法验证过往的绩效表现。但是很多知名人士，甚至金融同行，只看到麦道夫提供的优异回报率就投资，导致投资人损失高达 650 亿美元。这些投资人的问题就在于信息错误。

信息错误指的是决策过程中，搜集、确认和分析信息时犯的错。

根据反向归纳、正向突破分析法的大数据分析，我们发现 80% 的信息错误都是由以下 5 种因素造成的：

1. 没有针对目标信息搜集资料。

2. 误信错误信息。

3. 不相信真的信息。

4. 信息不齐全。

5. 不知道信息的意义。

为了预防信息搜集过程中可能产生的错误，我们用信息地图来确保信息的完整性。根据决策的性质，决定需要搜集哪些区块的信息，在信息地图上把这些区块列出来，进行信息搜集。我们可以用审查、验证、核实和 ABCDE 法则来预防第二、第三、第四种错误，以及运用 FACT 分析来预防第五种错误。

在决策时，信息很重要。如果信息能让好的决策者去延伸或推论，就可以做出好决策。而且不当信息会导致不好的决策。事实上，根据我们的数据，信息错误是导致决策失效的首要原因。

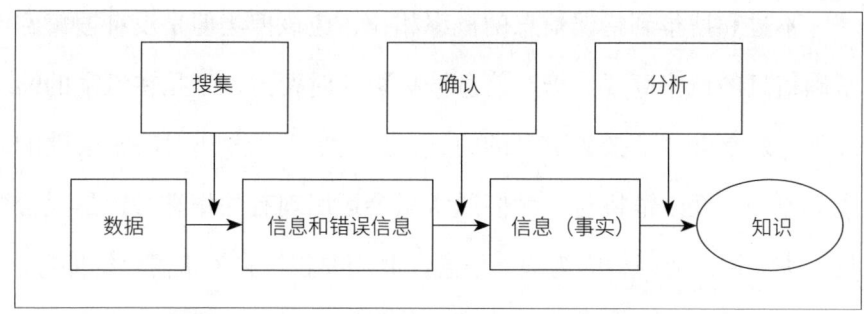

图 8-1　通过搜集、确认、分析，使信息成为知识

从数据到知识

图 8-1 是预防信息错误的研究重点，展示了从原始数据到知识的形成过程。原始数据只是未经处理的信息，如一个数字、一张图或一句话。有关联的数据放在一起后，数据就会成为信息，如趋势、故事情节或统计资料。得出的结论可能是错误信息（或称伪信息）或真实信息（或称事实）。假信息就是错误信息的集合，透过制造信息来骗人、达到利己的目的。经过审查、验证、核实的检验后，就能筛选出信息中的事实。经过分析，事实可以成为知识，并且运用在决策中。

信息搜集错误

信息搜集错误是没有在正确的时间搜集正确信息所发生的错误。

不过和搜集到错误信息的概率相比，应该搜集但是没有搜集到正确信息的概率高了 3 倍。信息搜集很耗时费力，于是在慌乱的情况下，通常会省下搜集信息的力气，这就是发生危机时决策失效的主要原因。发生危机时，我们通常只会运用现有的信息。这是很常见的决策错误成因，因为缺乏信息。我们要积极去搜集需要的信息。

因为没办法一次搜集到全部的信息，所以分阶段搜集信息非常重要。第一个阶段要先确认是否启动决策。一旦决定启动决策，就要搜集第二阶段的信息并做选项分析。如果需要预测未来情况，第三阶段就需要对信息进行沙盘推演。最后是第四阶段的信息搜集，我们要开始搜集重要事件的信息，以确保决策不会全盘失败。每一个阶段要搜集不同的信息。而且采用任何信息之前，都要进行审查、验证、核实。

此外，因为决策很复杂，所以决策者通常会有信息地图，用来追踪需要什么信息、什么信息可用、什么信息缺失，以及需要把心力放在搜集哪个数据上。当然，要搜集到所有必要信息是不可能的。但因为搜集了信息，有些选项就变得可行。搜集到越多信息，就有越多可行选项，其中一两个选项可能会非常吸引人。有的时候，当搜集到更多信息却不会让决策有太多改变时，就停止搜集信息。

这里分享一个让我印象深刻的 10 年前的决策。我当时是一家大型制造公司的顾问，他们生产化石燃料和核电站的大型设备。有一天，运营部副经理遇到状况，特殊功能的螺栓因为硬度很高，没办法做出符合严格公差的螺栓。无论制造厂怎么尝试，如变更车床速度、制造时提高螺栓冷却温度等，都没办法做出成功的螺栓。这是很大的问题，因此副经理请我召集会议，找来制造部的工程师和主管，看能不能想办法完成任务。

我召开会议，定好目标和大方向。我跟所有参加会议的人说，从超过 7000 个案例数据来看，95％的好选择或新产品可以用创新思维法找出来。这场会议的目标是找出一个能解决问题又不耗费太多成本的方法。创新思维法简称 BEET，代表和重要竞争者比较（Benchmarking）、基础的延伸和整合（Extension and integration of fundamental）、列举细节（Enumeration of details）和旧技术新应用（Transfer of application）。我们的决策大概会落在其中一个区块。

在这场两小时的会议里，我把三十几位与会者分成四组，每组的任务是搜集 BEET 中一种可行办法的信息。他们搜集信息时，会打电话给同行和其他行业的同事或朋友。我则在一个大白板上记录，并根据信息列出一些解决方法。约莫一个半小时后，一位与会者从朋友那里得到信息。他的朋友专门生产竞技摩托车的汽缸引擎，他说会把同一种材料用在引擎上。他把材料冷却后，就能把汽缸的公差调到很小。这个信息出现在旧技术新应用组，把制造汽缸的技术应用到螺栓制造上。而且这个做法非常节省成本，所以我们采用了。因为出现了这个信息，会议的参与者决定采用这个信息，于是问题得到了解决。

信息使用错误的 3 种类型

信息使用错误的 3 种类型：

1. 把错误信息当真。

2. 不相信真的信息（包含对真实信息的错误解读）。

3. 没信息就没事。没有信息会被视为没有某个条件或事件存在。

根据过去信息使用错误的数据分析，我们发现第一种类型最常见，在所有信息使用错误中占 63%，这可能是因为网络机构和企业为了图利，发出的错误信息越来越多；第二种占了 11%，这种类型的错误经常导致机会和威胁的信息被遗漏；第三种占所有信息错误的 26%。

第一种类型的典型案例是 2003 年一位伊拉克逃兵带来的假信息。这位逃兵拉菲德·贾纳比（Rafid Ahmed Alwan al-Janabi）请求成为美国公民，并声称自己是伊拉克化学战争计划的成员。他杜撰化学武器设备的草图，以及设备厂的假地址，强调工厂正在生产大规模杀伤性武器。即便德国联邦情报局和英国秘密情报局质疑他的说辞，美国和英国政府仍对他的假信息信以为真，并作为入侵伊拉克的关键证据。战争过后，却没有找到任何大规模杀伤性武器或生产设备。

第二种信息使用错误和真实信息被当成假信息有关，最典型的例子就是 1941 年日本偷袭美国珍珠港海军基地前，美国指挥官和下属犯下的错误。在日军即将袭击前，有两个信息透露出日本即将有所行动。第一个信息是上午 6 点 30 分，珍珠港海军基地附近发现不明物体，后来发现是日军的单人微型潜艇。虽然美军发射鱼雷击沉不明物体，却误将不明物体当作损坏的沉船，而没有联想到可能是日军将要偷袭。第二个信息是侦测到早晨 7 点 02 分有一大批飞机出现在岛屿北方约 217 公里处，正飞往珍珠港。因为当天早晨预计有许多美国 B-17 轰炸机到来，这个信息没有受到重视，没有人对这些飞机的异常航向起疑。两条信息都指向珍珠港即将遭受袭击，但都没有被重视。

至于典型的第三种信息使用错误会呈现在下面常见的话语中：

天真的老板说：

"我的公司没有品管问题，之前没有客户跟我说过。"

"我不认为对手有新产品，谁知道会这样。"

过度自信的采购经理说：

"我的采购流程运作得很好，没有数据显示出问题。"

一无所知的妈妈说：

"我的儿子在学校表现很好，不然老师会告诉我。"

对于天真的公司老板来说，当他搜集所有品管的指标时，他可能会很惊讶于公司有很多品管问题；对于过度自信的采购经理来说，当他检测采购产品的速度、准确性与退货率时，可能会很惊讶于有很多他不知道的流程问题。对于一无所知的妈妈来说，当她跟学校老师讨论儿子在学校的表现时，可能会很惊讶于儿子有行为问题。

上面这些简单的例子都来自没有听到不利信息的情况，因此认定情况必定很好。错误可能来自其他地方，没有不利的信息就误认为情况是好的。或者通常的情况是，错误地相信没有信息意味着信息不存在。我们称之为第三种信息使用错误。

之所以没有信息，有以下 3 种可能的原因：

● 没有搜集信息，或没有注意到需要搜集的信息。

● 因为对手封锁信息，导致无法搜集信息。

● 因为信息搜集方式或搜集渠道不当，导致搜集不到信息。

虽然第三种错误很少见，却经常导致灾难。举例来说，"9·11"恐怖袭击事件发生之前，美国好几个机构都收到恐怖袭击将至的信息。然而，因为没有意识到会用飞机来袭击，所以并没有将这些信息联系起来并进行分析。

这些信息包括恐怖分子购买单程机票；几位中东人士报名凤凰区的飞行训练学校，却不打算学习飞机降落流程；1999 年 12 月 14日，一个恐怖分子从加拿大入境美国时被拦截等。最值得注意的是，2001 年 8 月 15 日，在发生恐怖袭击的 4 周前，明尼苏达州的泛美国际航空学校向美国联邦调查局通报萨卡里亚斯·穆萨维（Zacarias Moussaoui）为可疑人士，因为他支付现金报名飞行训练课程，并要求驾驶大型喷气式飞机，但过去却没有任何飞行经验。法国情报机构已将穆萨维列为可疑恐怖分子。如果把这些信息串连在一起，交给情报机构分析，并考虑到以飞机作为恐怖袭击武器的可能，或许就能避免"9·11"事件发生。

如何预防信息错误

想要避免这些信息错误，就要运用审查、验证、核实的概念。这个概念共包含 3 个步骤。对于没有用在重要决策上的信息，务必使用步骤一和步骤二（审查与验证）。如果是用于重要决策的信息，则必须采用步骤一、步骤二和步骤三（审查、验证、核实）。

审查的目的是确认信息，验证的目的是确认信息的一致性。如果信息通过审查和验证，便是可信的信息。如果信息只通过其中一个步骤，则有待商榷。如果两个步骤都没有通过，则是错误信息。审查和验证可以有效预防第一种信息使用错误。核实的目的是运用多种信息交叉比对来确认信息，这些信息必须出自不同来源和不同形式。以珍珠港事件为例，"鱼雷击沉不明物体"和"飞过来的飞机"是来自不同源头且不同形式的两个信息。如果来自不同源头的信息有相似的形式，例如来自两个不同新闻媒体的相同说法，那就很有可能是单方图利通过多种渠道释放的假信息。

在我协助建立决策系统的一家国际厂商中，就曾碰到过因为信息错误导致决策不当的例子。这家企业的 CEO 提到在跟竞争对手打价格战时，听说某个重要供应商最大的几个客户要换供应商，因此想把这个供应商的供货价格压低 20%。但这个消息根本不是真的，结果这个重要供应商决定不供货，导致这家企业只好仓促换另一个供应商，用更高的成本才能买到一样的东西。

在时间压力下听信假信息并做出决策，是发生危机时非常典型的错误决策。后来才发现，这家公司误信了供应商的副经理透露的信息。如果他们认真调查就会发现，这家供应商的客户如果真的要停止跟他们合作，那么那些客户只能找另一家供应商，而另一家供应商并没有招聘更多人员。再加上那些客户如果换掉原来的供应商，得利的将是那些客户的竞争对手。这样就可以推断出换供应商的信息可能是假的。

因此，不正确的信息可能是假信息，不一定是错误信息。假信息是指有意图的错误信息。为了防范错误信息或假信息，需要一套方法来辨别这些信息。

我们公司做了很多错综复杂的研究。在大部分案例中，错误信息和假信息都比正确信息多。因此必须运用审查、验证、核实来做出对的决策。如果信息通过第一步和第二步，基本上就是可信的信息。如果信息只通过其中一个步骤，无论是第一步还是第二步，那都是可疑的信息。如果前两步都过不了，那就是不正确的信息。

审查信息质量正确性与验证信息一致性

要审查任何信息的正确性，都必须遵循 ABCDE 法则。ABCDE 分别代表的是可靠度（Accountability）、利益均衡（Balance of the interests）、完整（Complete）、细节（Detail）、资料的演变历史（Evolving over time）。传递信息的人必须要可靠，或者资料经过某个可靠的人验证过。信息若没有细节，也没有随着时间改变，就不是一个完整的故事。如果这个信息只对一方有好处，没有达到利益均衡，只能算是个可疑的信息。

根据我们的信息质量研究，可以归纳出信息是否符合标准的简单依据。如果未达标准，我们就必须到第二步骤，验证这项信息与我们过去的经验及相关信息的逻辑是否一致。审查信息质量最简单的方法就是检视这项信息符合几项 ABCDE 法则。如果少了 ABCDE 法则中的 3 项，那么这项信息绝对不及格。注意，当信息只符合 ABCDE 法则中的两项（即 40%），那么这项信息为真的概率近乎为零。如果全部法则都符合，则信息为真的概率是 100%。

在 ABCDE 法则中，完整性是最难评估的。不完整的信息指的是因缺失某个重要部分，以至于信息接收者必须从既有信息中推敲出重要信息。有时候，我们把这种信息称为模糊信息。举例来说，汽车交易过程中，业务人员不会说某个车型在当年销售得最差，而会说这是过去 3 年销售得最好的车型。所以当消费者问今年对这个车型的评价时，业务人员会含糊地说："这是过去 3 年卖得最好的车型。"因为这个不完整、模糊的信息，消费者会误以为这是今年最受欢迎的车型。

举另一个例子，女生怀疑男朋友出轨，问他是不是有第三者。他的回答可能不完整或很模糊，例如："我工作很忙，但是我很爱你。"因为这个不完整的信息，女生很可能会误以为他并没有第三者。在上述两个例子当中，都少了最重要的信息。

对企业而言，当信息不符合 ABCDE 法则中的 3 项甚至更多时，我们会认为这个信息是不合格的。

验证事件逻辑

如果信息本身存在问题，就是无效信息。任何真实事件在发生以前都会有发生的必要条件，我们称之为前兆。一个事件必然会有前兆和后续。我们称之为连续事件。这一连串的连续事件，就是事件逻辑。审查、验证、核实的第二步，就是验证事件逻辑的一致性。以刚刚的供应商例子来说，如果这家供应商的几个重要客户打算换掉这家供应商的信息是真的，必然会发生替补的供应商开始招聘更多员工来准备额外安排的班表。如果没有看到招人的广告，也没有来挖墙脚，表示换掉供应商的信息不是真的。关于事件逻辑的判断，可以用图 8-2 来说明。

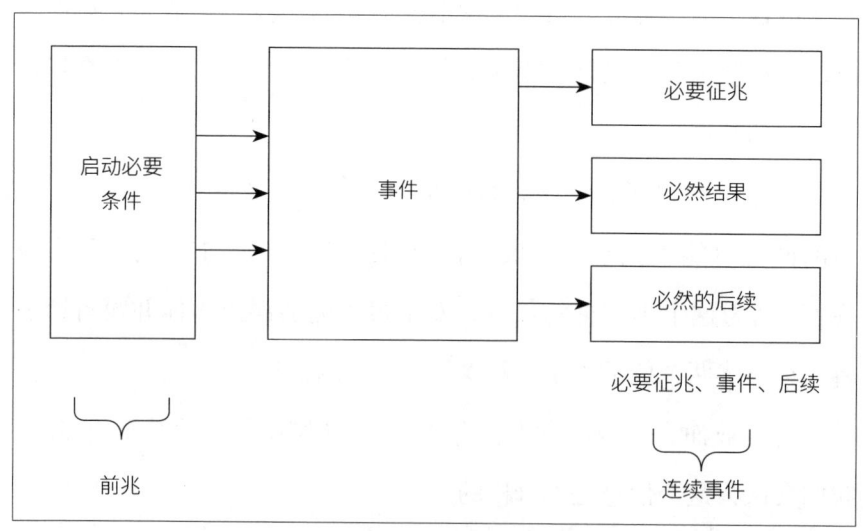

图 8-2　事件逻辑

举个最近发生在我家的例子。我家雇了两位帮佣。其中一位帮佣在我上班前跟我说，一个月前看到另一位帮佣的抽屉里有钻石项链，她觉得应该告诉我。

刚好我太太的钻石项链丢了，她放在梳妆台上，大概一个多月前不见了。因此，我觉得这位帮佣的话并非偶然，便打算多问几句。

我问那位帮佣：除了那条钻石项链，她的抽屉里还有其他东西吗？我可以跟那位帮佣讲你在她抽屉里看到钻石项链的事情吗？

那位帮佣的回答是："我不记得抽屉里还有什么，我不希望她知道我跟你讲过这件事。"

听完她的说辞，我要她立刻打包走人。后来我太太问我为什么解雇她，我告诉太太，那个帮佣是小偷，因为她跟我说谎。她之前说的话没有通过审查、验证、核实。首先，她的说法很可疑，缺乏ABCDE 法则里的 3 项：可靠度、利益均衡和细节。她没打算当个可靠的人，只希望另一个帮佣被开除，这样她的工作时长就可以多一点，而且她说不出另一位帮佣的抽屉里还有什么东西。除此之外，她的说辞逻辑有问题。如果她真的一个月前在另一位帮佣的抽屉里看到项链，为什么当时没有告诉我们，让我们去检查抽屉？她明知道当时我们找了警察，还跟保险公司提出赔偿。她没有通过审查、验证、核实的第一步和第二步，所以她说的话全是假的。

3 个月后，警察通知我们已经找到被偷的钻石项链，而且抓到了小偷。小偷就是那个没有通过审查、验证、核实的帮佣。

信息分析错误

要预防信息分析错误，可以用 FACT 信息分析。验证信息质量后，还要分析其中的含义。信息唯有经过分析，才能展现价值。我认为，搜集到的信息的价值是会延伸的，有时候好的决策者能够将其发挥得淋漓尽致。

获取信息的目的包含以下 3 种：预测未来事件、洞悉过去事件、显露过去所发生事件的驱动力。而要撷取信息的深层含义，要从以下 4 个层面来分析，即信息的 FACT 分析技巧，包括频率（Frequency）、异常（Abnormality）、巧合（Coincidence）、时机和趋势（Timing and trends），如图 8-3 所示。FACT 信息分析能够揭露信息背后的含义，接下来就针对 4 个层面详细说明。

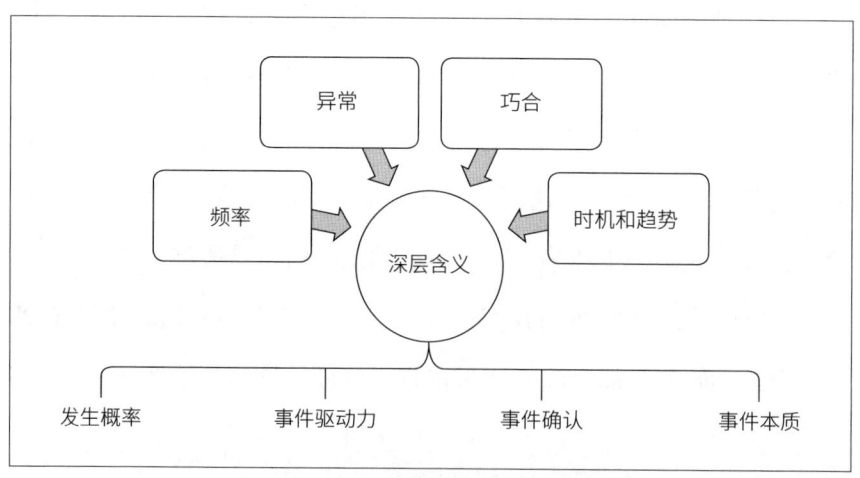

图 8-3 运用 FACT 分析技巧分析信息的深层含义

频率

当信息出现的频率增加，代表引发事件的驱动力越来越大，或者距离事件发生的时间越来越近。

引发事件的驱动力分为 3 种：

● 人为驱动力：这是某人做某件事的动机，例如打架的冲动或跟竞争对手打价格战等。人为驱动力通常会带来威胁。

● 心理驱动力：这是一群人有了共同感受，同时去做某些事情。例如股市主要的驱动力便是心理驱动力。

● 自然驱动力：这是物理变化的过程。举例来说，地震的成因是自然驱动力，即断层板块移动，当小规模地震频率增加时，就代表附近断层即将出现大规模的板块错动。观察地震频率（也就是自然驱动力），可以用此当作信息分析的一环来判断何时发生大规模的地震。

异常

当信息出现异常或不规则，和惯例或常见情况不同时，就表示有异常或不知名的驱动力导致事件发生。调查异常情况时，经常会发现新的问题。例如 1928 年，英国微生物学家亚历山大·弗莱明（Alexander Fleming）意外发现了青霉素。这是一个有趣的故事。弗莱明休假两周后回到实验室，发现自己培养的金黄色葡萄球菌死光了。他原本可以不予理会，但他没有。他探究原因并发现青色的霉意外接触到培养皿，杀死了所有细菌。后来他从青霉中萃取出一种化学物质，命名为青霉素。这项重大发现拯救了 2 亿多条人命。

在企业中，CEO 注意到两位同部门、工作了很久的员工同时离职。这是异常情况。进行内部调查后发现新的部门主管是个很没有安全感的人，他企图让对自己的晋升有威胁的员工离开公司。调查之后，CEO 把新的部门主管调去做顾问工作。

房客延期支付房租也是异常迹象，表示其中可能有不明驱动力。如果连续两个月房租都延期支付，不明驱动力存在的可能性就非常高。

就像亚历山大·弗莱明，使用异常的信息来分析事情发生的原因，即差异性分析，这是医生和根本原因分析人员常使用的方法。在差异性分析中，分析人员将异常情况与非异常情况进行比较，找出二者之间的差异。这些差异可能就是导致异常的潜在原因。

巧合

巧合的定义是同时发生多种状况。一些同时出现的信息看似不相关，却可能存在某种关联。因此，把多个巧合放在一起观察，才能发现不明事件或有变化的情况。

举例来说，生产设备主管注意到，断电维修后不久，阀门就开始泄压。断电维修和阀门泄压这两件事看似不相关，但主管判断它们之间可能存在某种关联，于是调查断电时阀门出了什么状况。他发现工人没有按规定更换密封垫，于是把旧的密封垫换掉，问题就解决了。

以股市分析为例，消费者信心指数下降与芝加哥期权交易所的波动率指数（又称恐慌指数）上升同时发生，也与经济衰退时间点重合。这表示投资者对股市的心态有所变化，转而卖出股票。

时机与趋势

时机指的是获取信息或事件发生的时间点。趋势则是信息中提及的事情转变方向。可以从 3 个方面来判断事情的转变，包括：

● 严重性，如疾病、灾害等；

● 数量，如价格、库存量等；

● 感受，如支持、不喜欢等。

时机可能会透露事件发生的原因，因为某些事件只会发生在特定时间。例如一位员工经常在星期五下午 4 点犯错，这个时间点透露的是他想赶快回家的心情，这个心情可能是这些错误的驱动力。再如，一家公司的股价经常在每个季度的最后两周下跌。可能是因为公司固定在季度末出售股票换取现金，让财报变得更好看。再如，一家公司许多复杂的决策错误通常发生在 8 月，这可能是因为许多资深员工会在 8 月休假。

趋势会透露驱动力的大小，也能看出驱动力是否削减或在增强。

举例来说，当标普 500 指数公司盈余增加，就会观察到指数上涨。因此我们知道标普 500 指数与公司盈余强烈相关。此外，指数的趋势并没有与贸易赤字的趋势相关，这意味着通过货币贬值来影响的贸易赤字与股价指数的相关性很低。

以企业为例，关键绩效指标的趋势，如净利润、营业额、销量、生产数量及质量、人为错误率、行为模式（每周工时、无薪日等），可以交由资深主管定期记录和检视，用以发现潜藏的管理问题。

分析信息，找出产生问题的独特原因

多年来，我们已经广泛使用 FACT 信息分析来找出问题的根本原因，以便在危机过程中思考如何做决策。在根本原因分析中，首先，检视问题发生的频率，如果问题发生的频率很低，那找到根本原因的概率也必定很低；其次，检测与正常情况不同的异常情况，某个异常情况可能是一个原因的独特症状；再次，检测任何偶然发生的异常情况，这种偶然发生的异常情况可能与问题产生的根本原因有关；最后，检测问题发生的特殊时机，分析问题与时机之间的关联性。

也可以把时机与趋势结合起来，找出正在缓慢发展的问题的根本原因。举例来说，对于公司盈余随时间流逝逐渐减少的问题，需要检测影响公司盈余的所有参数的趋势，如毛利、客户规模等，借此找出问题的根本原因。如果这些参数中有一个或多个显示出不利的趋势、盈余的时间比亏损的时间早，而且有合理的时间差时，这种参数就可能与亏损的根本原因有关。然后，就可以找出原因，知道为什么这个参数会显示出不利的趋势。

简而言之，在根本原因分析中，FACT 信息分析会回答 4 个问题，查明问题的根本原因，这 4 个问题是：

1. 为什么是这样的频率？

2. 为什么是这样的异常情况？

3. 为什么会有这样的巧合？

4. 为什么是这些时机与趋势？

以下将用实际案例来说明使用 FACT 信息分析能够找出产生问题的根本原因。

找出客户出走的原因

2019 年，我们接到一个紧急项目，要确认一家软件公司管理层出问题的根本原因。这家软件公司在印度子公司开发软件，然后在菲律宾的一家外包公司测试软件，美国的员工主要负责行政工作、品管和销售。公司同时失去了 3 个主要客户，都去了竞争对手那里。CEO 告诉我竞争对手的公司规模比较小，生产的产品也并不比他们的好。为了找出原因，我们组织了一个团队，由帕特里克·伯顿博士（Dr. Patrick Burton）领导，通过 FACT 信息分析来搜集与分析信息。我们首先访谈营销经理、业务经理、品管经理、人力资源经理与 CEO，然后搜集所有可能影响公司竞争力的信息与趋势。这些信息与趋势分别是：

1. 一般竞争力：营收、毛利、股价、自我改进的能力。

2. 与客户的谈判筹码：客户数量、营收前 25% 的客户占比、客户的反馈。

3. 与供应商的谈判筹码：印度子公司的软件开发成本与印度同行开发成本的比较、外包给菲律宾软件测试公司的产品数量、软件上市后的修正次数（也就是软件的质量）。

4. 相同市场的威胁：市场规模、竞争对手的数量、前三大竞争对手的规模、竞争对手的产品与公司产品的不同、新产品的发表周期、新产品和服务。

5. 替代性的竞争产品：未知。

6. 低成本的竞争产品：未知。

在分析所有信息和趋势之后，我们都很困惑。公司的整体竞争力并没有下降。事实上，由于两年前的重组，公司从以职能为主的部门转变成以产品为主的部门，新产品的上市时间缩短了 25%。市场规模、竞争对手的竞争力及与客户的谈判筹码都没有明显改变。

因此，我们召开内部会议，讨论这个奇怪的现象。因为业绩突然下滑并不是常见的问题，所以造成这种情况的原因必定是不常见的；由于没有任何可能导致这个问题产生的不利趋势，所以这必定是突发状况。我们从 CEO 那里听到的第一个异常情况是，菲律宾的测试公司大约在一年前退出了，退出的理由是忙着服务当地的客户。这个情况很奇怪，因为菲律宾的测试公司替这家公司工作了 10 年，是非常可靠的两家测试公司之一。而且，如果他们真的忙着服务当地的客户，为什么不雇用更多的人呢？

第二个异常情况是，大约在两年前，印度子公司的软件研发负责人因为某些管理方面的问题被子公司的老板解雇了。这位研发负责人想把公司的软件与另一家公司提供的软件整合起来，但是老板不同意。不过我们并没有看到这位研发负责人离职后，软件方面的问题有所增加，这意味着接替他的员工做得很好。

第三个异常情况是，这家公司所失去的 3 个主要客户是行业内成长非常快的公司。我们问印度子公司的老板为什么研发负责人会离职。他说研发负责人想把公司为医疗机构处理医疗账单流程的软件与保存病例的软件整合在一起。老板认为，公司应该专注在自己擅长的业务上，而且还没有要整合的市场需求。因此，我们认为研发负责人应该离开公司并创立自己的公司，研发整合的软件，而这将是大家不知道的潜在竞争产品。

这是我们的假设。我们没有任何证据，但这个假设可以回答 FACT 信息分析的 4 个问题。它可以解释为什么会在现在发生，而不是在之前发生；也可以解释为什么在所有变量中看不到任何不利趋势；还可以解释 3 个主要客户为什么在这个时候离开，而不是其他客户离开。

因为这个新产品是衍生性产品，如果这个产品真的存在，就会侵犯原始软件的版权，这将触犯美国联邦法令。所以我们建议这家公司对其 3 个主要客户分别发出一封钓鱼信，声称他们购买的新软件可能会侵犯旧软件的版权，要求客户进行内部调查。

在发出信件 4 个月后，公司 CEO 告诉我们，这 3 个客户都终止了从新公司购买新软件，并与公司重新签订合约，开发具有保存病例功能的整合软件。

由此可知，正确搜集信息可以找出产生问题背后真正的原因，不仅可以提高决策质量，还能预防未来可能出现的潜在威胁。

疫情期间防范错误信息的方法

疫情期间，我们发现错误信息大幅增加。例如我们听到没有科学根据的资料说戴口罩是没用的，某些治疗方法有用、某些没有用，股市回档的曲线是 V 形、U 形或 W 形，经济不景气的时长从几个月到几年都有等。在这场危机及慌乱中，最重要的是周全的决策。在时间和压力之下，很容易因为错误信息做出不正确的决策。企业和个人在疫情期间和疫情过后必须做的几个决策都与获得的信息息息相关。美国政府在疫情刚暴发时，并未提倡戴口罩的防疫措施，后来政策的转变无法让民众信服遵守，就是因为做决策时仰赖的信息有问题。为了预防错误陷阱，我们应该：

● 注意信息来源是否为了私利。

● 用 ABCDE 法则量化接收到的信息。

● 从多种渠道搜寻需要的信息。

● 不知道所有事实时采取保守做法。

> 　　做决策时收到的信息不正确，就像是用错误的药品来治病一样，永远没有好效果。

本章练习

* 试着用 ABCDE 法则来检验最近听到的消息。

* 信息错误有哪 3 种？

* 做信息分析时，需要考虑信息的哪 4 个层面来预防错误发生？

第九章

预测错误

预测是一种把未来事件从不确定变成确定的过程。日常决策通常只需要知识和经验的判断就足够了，但做复杂决策就需要更精确的方法。

为什么做决策时会预测错误？根据反向归纳、正向突破分析法的大数据分析，我们发现超过 80％的预测错误都和 5 项因素有关，包括：

1. 预测方法不当。

2. 错误假设。

3. 没有考量关键事件。

4. 预测不确定性太大。

5. 面对不确定时不够保守。

在我们的定义里，预测是一种把未来事件从不确定变成确定的过程。

启动决策和筛选最佳决策时，精准的预测非常重要。以最近的疫情危机为例，日本、中国台湾和中国香港有关部门预测疫情必然会在本土传播，而且传播率和中国内地不相上下，若不积极预防，情况可能会和 2019 年 12 月武汉的情况一样糟。这个预测一部分来自 2003 年对抗 SARS 的经验，另一部分则是根据最近的疫情的经验。美国等许多国家虽然经济实力领先全球，却没有预测到疫情的影响。即便到了 2020 年 3 月和 4 月，许多欧美领导人仍无凭无据地认为疫情不会太严重，因而没有积极作为来减缓疫情带来的损害，直到一切为时已晚。

事件时间线的思考流程

不使用任何复杂的预测技巧，就可以凭直觉来预测未来。在这种直觉下，人们会思考未来的情况是什么。从现在到未来之间，可能不会有或很少有不确定结果的未来事件发生，因此，凭着直觉，人们能猜测出这些事件会产生的结果。举例来说，我们想要预测一个青年能否考上大学，从现在到上大学前的这段时间里，有几个因素可能会影响未来的情况：第一是他的努力，第二是他的身体健康状况和心态能否让他专注学习。如果观察到这个青年在学习上付出很大的努力，而且身心健康，就可以预测这个青年大概率可以考上大学。

我们常常是凭直觉做出这种预测，没有任何复杂的分析。我们称这种凭直觉预测的思考流程为事件时间线思考流程。在这个思考流程中，我们会考虑过去、现在和未来发生的事情，来预测未来的情况。

在企业中，我们使用类似的事件时间线思考流程来预测很多事情。举例来说，一家公司的 CEO 凭直觉预测今年年底的销售额会增加还是减少。他查看可能影响销售额的过去事件，并发现从现在到年底都不存在影响因素，因此他预测年底的销售额将保持不变。

如果一个或多个未来事件具有多种结果，那事件时间线就会变成事件时间树。针对每个结果可能需要做出不同的决定。举例来说，如果下周末希望在后院野餐，那么一次性事件（天气）可能会有多种结果（下雨或不下雨）。与野餐有关的决定，比如要准备哪些食物、是否需要户外烤肉架、有多少客人等，都取决于天气。因此，当我们做与野餐相关的预测，就必须考虑事件时间树，未来条件不是事件时间线中的一个，而是好几个。

为方便记忆，事件时间树往往被称为事件树。使用事件树来考量所有可能条件下的决策则被称为事件树分析。

图 9-1 显示如何借助事件树做出决策。通常借助事件树可以做两种类型的决策。一是考虑事件树中可能出现的情况，在现在需要做出的决策；另一种是根据各种开发的情况，来在未来做计划或决策。

从图 9-1 中可以看出，一个事件从现在到未来的时间轴上由 3 个事件（O1, O2, O3）组成。在发生 O1 事件后，会出现 S1 和 S2 两种情况。在 S1 之后，会发生 O2。在 O2 之后，会产生 S121 和 S122

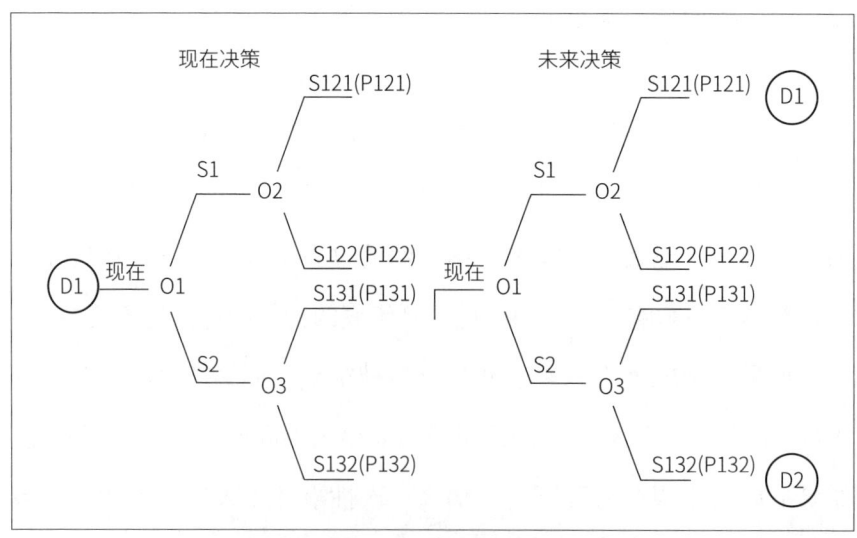

图 9-1　借助事件树所做的两种决策

两种情况。S121 意味着在发生 O1 和 O2 之后的情况，S122 意味着发生 O1 和 O2 之后的另一种情况……在这种情况下，未来有 4 种结果，分别是 S121，S122，S131 和 S132。

图 9-1 左侧的事件树显示现在做出的决策 D1。右侧的事件树显示未来做出的两个决策 D1 和 D2。左侧的事件树往往被称为立即决策事件树，右侧的事件树往往被称为未来决策事件树。

立即决策事件树常被用来帮助决策者在现在做决策时了解未来。举例来说，一个承包商现在要以固定价格竞标 2021 年年初的房屋建造工程。大部分的建造成本与原材料和人力成本有关。而原材料和人力成本的高低取决于两个可能的新事件（O1 和 O2），一是原材料关税提高，二是新冠肺炎疫苗的问世。国家可能会提高或维持关税；新冠肺炎疫苗可能会在房屋建造期间发挥效果或无效。如果疫苗无效，那保持近 2 米的社交距离规定可能会导致施工效率非常低，导致人力成本增加。有了这两个结果不确定的新事件，承包商要在 2021 年处理 4 种可能的情况，分别是：关税维持原样、疫苗无效；关税维持原样、疫苗有效；关税提高、疫苗无效；关税提高、疫苗有效。

假如承包商受过训练，认为在施工期间很可能会发生第一种情况，即关税维持原样、疫苗无效。因此，他开出一个竞标价，这个竞标价假设隔年来自国外的原材料成本等于今年的价格加上通货膨胀率，另外近 2 米的社交距离规定会使人力成本增加 30%。他还要求合约在 2020 年 9 月 30 日前签订，这样他就可以订购不受关税上涨影响的原材料，以防 2021 年年初真的发生关税上涨的情况。他提交标单，并且赢得了标案，因为其他竞标者都采取保守做法，假设会出现关税提高、疫苗无效的第三种情况。

举例来说，我们将前文所述的承包商换成一个建造自住房的房主，让他同样面临关税及疫苗的问题，那么这个房主可能会发生最糟的情况，就是"有关税、没疫苗"的情况。为此，他也许不得不面对房屋延迟 3 个月完工的结果。如果确实发生了最糟糕的情况，他则需要承担在外持续租房的时间及费用、因工程延期导致的建房预算攀升等后果。在这种情况下，这 4 种可能发生的情况在他的决策中也很重要。

预测金字塔

除了使用事件树直觉的预测，我们发现多数预测都仰赖五种方法：沙盘推演、多项前兆预测法、情境分析法、延伸预测法和状况模拟法。

我们可以用图 9-2 的预测金字塔来列出这几种预测方法的复杂性和准确度。以沙盘推演为基底，底层是非例行决策中最简单，但准确度最低的多项前兆预测法。准确度和复杂性第二低的是情境分析法，第三则是延伸预测法。最顶端的是状况模拟法，准确度最高，但复杂性也最高。

预测金字塔显示，当决策的重要性增加时，就需要更复杂、更精准的预测方法。举例来说，核电站的设计需要考量所有的重大意

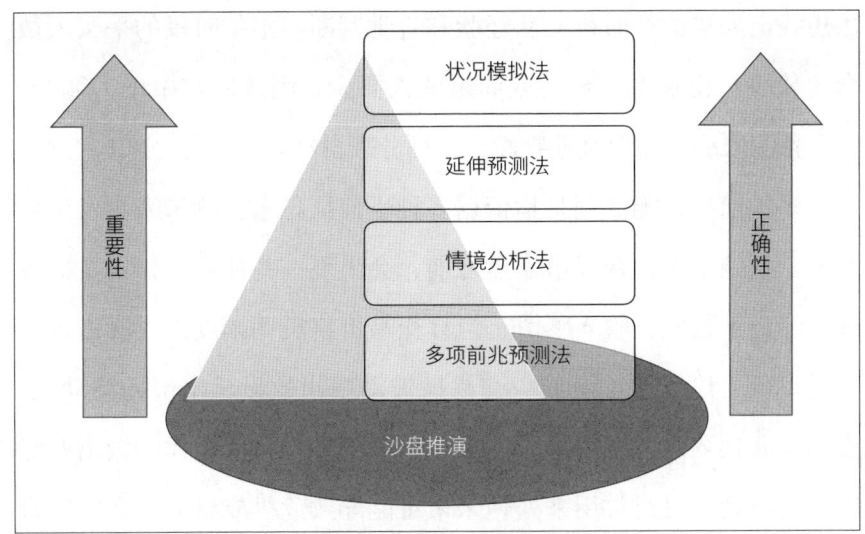

图 9-2　预测金字塔

外情况，从地震到海啸都要进行状况模拟。根据状况模拟预测，用可以有效预防和减缓的措施来确保核电站员工和附近居民的安全。因为与核电站意外相关的决策的重要性很高，所以要用到复杂性和准确度都很高的状况模拟法。一般情况下，日常决定通常只需要沙盘推演就足够了。

虽然状况模拟法和延伸预测法会比情境分析法和多项前兆预测法更准确，但当预测模型输入信息的不确定性大于预测模型本身的不确定性时，可能就不是那么有用了。有时候，当预测模型的输入信息不确定性非常大时，沙盘推演与其他预测方法一样有效。

这里简单说明几种预测方法。

多数例行决策对未来的预测都仰赖沙盘推演。举例来说，上班族想找出采买的好时机，从经验和直觉判断，中午时段的采买人数会比较少，比晚上下班后或周末的人要少，因此决定中午去购物。这个预测取决于知识直觉判断，一部分来自经验，一部分来自直觉。

多项前兆预测法则是指依据多种事前征兆来预测未来会发生什么事。举例来说，在股市崩盘之前，会出现一些征兆，如本益比提高、经济不景气、收入下滑、当日交易价格震荡幅度大、股市现金流动率低，以及芝加哥期权交易所波动率指数显示出市场波动大。多项前兆预测法通常用来预测未来情况的开端，这样才能做出及时因应的决策，也经常用来处理未来可能导致危机或将危机变成灾难的情况。

需要注意的是，多项前兆预测法比单项前兆预测法更准确。举例来说，假设用一个因素预测未来事件的准确度能达到50%，那么我们预测成功的概率只有一半。如果我们分别用 3 个因素预测，每个因素的准确度都有 50%，并且都预测到该事件会发生，那么准确度便是 87.5%[①]。

在多数需要预测的情况里，多项前兆预测法是最实际的方法。这个方法有五个步骤：第一，预测出即将发生的事件，如股市崩盘；第二，找出引发这个事件的必要因素和前兆；第三，找出可观察到的指标；第四，监控事件是否发生；第五，预测事件发生的概率。

情境分析法也称商业分析法，这是将过去类似情况的特征与未来趋势综合分析，用以预测未来情况的方法。最好分析的情况是趋

---

① 这个概率的算法是：$(1-0.5^3)=0.875$。

势回归分析，复杂一点的是像 2020 年的股市崩盘。许多股市用模拟预测法预估最大跌幅（从最高点下降后再弹升的幅度）。这个预测方法检视下跌时间和最大跌幅，以及美国过去 14 次经济衰退的下跌时间（下跌和回升时间点）。图 9-3 即显示出其中关联。根据模拟预测法，以及股市过去两周 40% 的跌幅，预测股市最大跌幅可能为 40%。根据全球生产经济活动的损失来预估，衰退时间不会比 2008 年的衰退时间短。因此，预测最大跌幅与 2008 年相似或更糟，可能达到 60%，比过去两周股市下跌的 40% 再大一些，跌幅达到 60% 后才会缓慢回升。

　　以通用电气为例，它在 2000 年初期是联合企业的龙头，推动六个标准差管理方法的杰克·韦尔奇（Jack Welch）则是带领通用电气

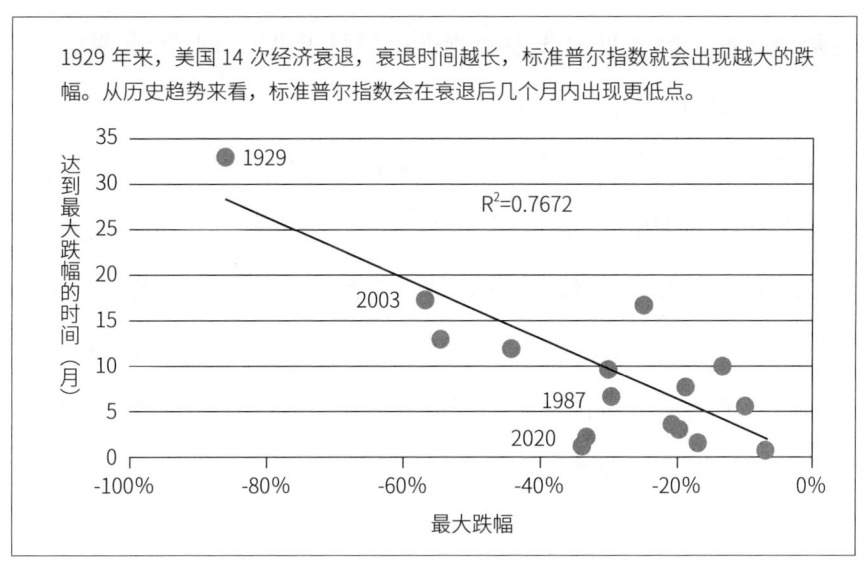

图 9-3　标准普尔指数的趋势回归分析

在各项领域夺冠的领头人物。后来他成立 GE 资本，以良好信用向银行申请大量低息贷款，再以较高的利率转贷给企业和个人。因为 GE 资本有很高的收益，因此通用电气连续好几年向股东报告好消息。韦尔奇离开通用电气后，GE 资本没有擅长分析情况的人，因此没能预测到次贷危机及 2008 至 2010 年的金融风暴。从 2010 年起，通用电气买下法国阿尔斯通公司和油服巨头美国贝克休斯公司，因为缺乏擅长情境分析的人，通用电气只顾着扩大石化能源事业，却忽略了再生能源的发展趋势。到 2020 年，通用电气的市值已经远远低于 2001 年的。

延伸预测法又称趋势预测法，是以过去延伸的趋势加上现在和未来的变化来预测未来。如果未来的变化有限，那么这个预测方法会很准确。用民意调查来预测总统大选的结果就是延伸预测法的典型例子。民意调查首先会调查公民意见，接着用最新的民意调查结果和中间选民的意见趋势来预测谁将赢得大选。越接近选举时间，民意调查的准确率越高。

趋势预测法常常会误导一些企业和国家领导人，因为没有将未来的变化纳入考虑。同时在趋势预测中，民众的心理因素很关键。与心理因素有关的未来的变化，通常是导致趋势反转的关键。例如 2019 年的民意调查预测特朗普肯定会赢得隔年的美国总统大选，但因为新冠肺炎疫情对选民的心理造成影响，导致特朗普胜选的趋势立即反转。运用趋势预测法的关键就是列出未来可能的变量，然后用前兆预测法预测即将出现的情况。

特朗普的选情趋势变化也是有前兆的。在 2020 年第二季度的民意调查中，民众对特朗普的不满意度从46%急速上升到53%。这是历来罕见的情况。通常情况下，民众不满意度的变化幅度在2%至3%。如果特朗普看到这个前兆，及时改变方针，说不定就可以连任。

状况模拟法指的是根据一连串动态变化的规律来预测未来的情况。举例来说，流体动力学可以用来模拟大气气流和温度，这个模型可以准确预测未来几天的天气状况。为了预防核灾意外，核电站设计师运用许多精密的程序来预测各种意外情况，从设备故障到自然灾害。

值得注意的是，4种预测方法的准确度和不确定性可以用过往情况的回溯测试来推算。回溯测试通常用来测试能否用过去的情况所延伸出的指标来预测未来可能出现的情况。通常来说，靠近金字塔底层的预测方法准确度较低，不确定性较高。

预测方法不当

历史上，有许多因为选用的预测方法不对，而造成重大决策错误的情况发生，如福岛核电站爆炸事件和切尔诺贝利核泄漏事件。这里先讨论一个因预测方法不当而导致的决策错误案例。

美国一家电器公司在2015至2017年突然失去了高达21%的忠实客户。在公司CEO请我和团队检视企业内部的决策模式时，他们仍然在流失客户。流失客户是因为一家产品低价、低质量的竞争对手进入市场。

我们做的第一件事是查看决策会议记录，并访谈几位资深决策主管，了解他们面对对手低价竞争时做出的决策。

公司的品保副经理说："我们的质量比他们的好。我们测试过他们的产品，我们产品的不良率是万分之五，他们则是万分之十七。我们的产品平均可以使用 2560 个小时，他们只能使用 800 个小时。"

营销经理则说："我们服务的客户群体不同。我们服务的是中高端客户，产品定价也比较高，他们服务的通常是中低端客户。我们认为中高端客户会越来越多。"

销售副经理说："我们有 320 家经销商，最近刚降低了广告预算，把他们的佣金提高了 5%，希望能帮我们触及更多客户。我认为客户流失只是暂时的现象。"

CEO 告诉我："我们在 2008 年年初也经历过类似的事，当时一家产品低价、低质量的竞争对手进入市场，比现在这家的规模小很多。他们跟不上我们的更新速度，也抢不走我们的忠实客户。后来，他们在 2010 年退出了中高端市场。"

看过所有数据和访谈笔记后，我发现这家公司的决策模式仍停留在猜测和直觉判断。像这样的重要决策，需要更精准的预测方法。也就是说，要采用延伸预测法或状况模拟法，或是两者都要采用。

为了说服这家公司的管理团队更新企业决策的预测方法，我决定用延伸预测法来说明调查结果。我认为，他们这 3 年来的预测都是错的，才会导致一而再，再而三的决策错误。除非把预测方法修正过来，否则无法避免未来的决策错误。

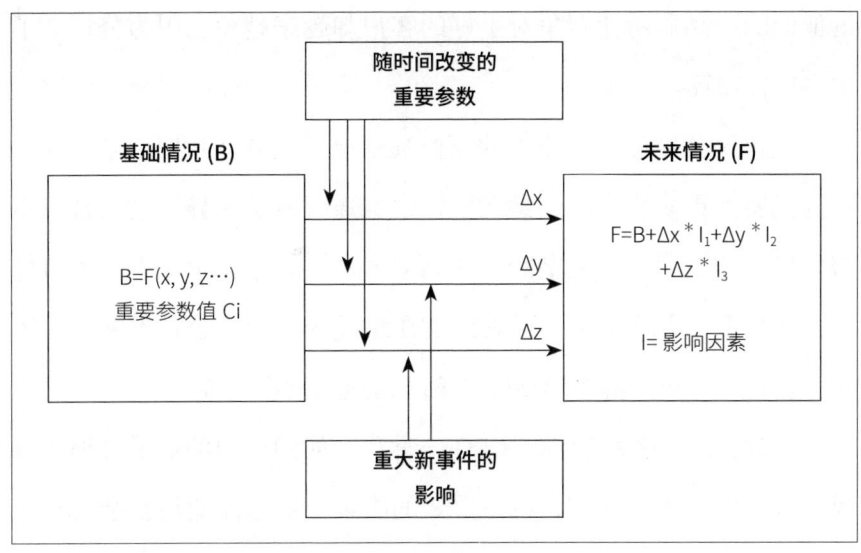

图 9-4　延伸预测法

　　以延伸预测法来看（如图 9-4 所示），基础情况是竞争对手进入市场前的客户情况，未来情况则是 2015 至 2017 年间的情况。B 代表基础情况，是决定客户构成的多种参数。以这家公司来说，参数包括市场规模、价格优势、质量认同优势、吸引力优势、销售渠道优势。每个参数都对未来的客户构成有所影响。F 指的是未来客户构成，代表未来情况。每一个参数给客户带来的影响都算是一个影响因素。影响越大，影响因素的参数就越大。根据公司 2006 到 2014 年的营销数据变化，我们用回归分析来找出影响因素。对公司的运营影响最大、最重要的参数并不是质量，而是质量认同。质量认同指的是客户认知的质量，包含两个要素：认知和质量。其实这家公司的产品质量不错，在 2016 年还大幅提升了产品质量，但是了解他们的产品质量比竞争对手好的客户却越来越少，因为公司砍了很多广告预算。

我建议公司调整回原来的商业基础模式，重新找回市场。这并不是说要做更多广告，而是在广告中更强调质量差异。过去公司不需要做这些，因为他们垄断了中高端客户。现在竞争对手进入市场了，而且客户并不知道产品之间的质量差异，因此公司不断流失客户。要找回客户，就要调整广告策略，强调质量优势。

3 年之后，这家公司的 CEO 告诉我，他们公司的业绩增加了五成。这个例子告诉我们，越是重要的决策，就越需要用复杂的预测方法。最高层级的决策，通常需要运用状况模拟法。

预测中的错误假设

预测中有许多种假设，如果这些假设错了，预测就也错了。假设错误有很多种，可能是一个错误的简化，也有可能是个错误的解读。

我来分享一个假设错误导致预测错误的案例。这个错误最终付出了 26 亿美元的代价。

故事从 2009 年 10 月 1 日说起。我当时在意大利米兰，起床时接到一通电话，是一位在零错误培训课上表现出色的学员打来的。他在美国佛罗里达州一家核电站担任资深副经理。

他说他们公司刚发现，在切割 1.5 米高的水泥围阻体时出现了裂痕，而且就出现在切割位置的附近。通常来说，围阻体可以承受住飞机的撞击。理论上，这个切割作业只会给围阻体造成很小的压力，比围阻体的最大承受力要小得多。公司已经请了3家建筑公司来查看，但都没能找出围阻体出现裂痕的原因。

为此，我飞回美国，在核电站附近待了近一年。

我首先召集了50多人的调查团队，分成资料搜集组、数据分析组、预测分析组、错误分析组、测试组，以及质量确认控制组，并请5位水泥专家带领大家进行调查。

接着我们运用计算机程序，模拟围阻体切割作业的细节。之后，我们又选用了3家公司的计算机程序，分别计算高压水刀切割时所产生的最大应力值。围阻体共镶嵌了108条钢腱，切割时切到了其中的33条。这些钢腱也会对围阻体产生压力，就像把108条橡皮筋一起绑在啤酒罐上一样。首次测出的最大应力值是59psi，和其他3家公司的计算机程序算出的结果差距不大。

然后，我们重新检查所有原始资料，包括材料、建筑、测试和设计等方面，看哪里出错，结果全都没有问题。

最后，我们假设78种水泥可能弱化破损的情况，并针对每一种失效模式进行分析。此外，还进行现场测试，确认可能造成围阻体破裂的原因。密集分析和测试过后，显示所有假设情况都不可能发生。

经过8个月的调查，我们完成了一份长达2万页的报告，证明围阻体不可能破裂。

因此，我认为有必要对这4个计算机程序的假设提出质疑。我把团队成员分成4组，检验这些程序常见的假设。一周后，4个小组都指出 4 个程序中有一个假设缺乏证据。这个假设是当实际应力和最大压力一样时，围阻体便会出现破裂。多年来大家普遍接受这个假设且没有质疑，因为这和金属变形有关。

来自乌克兰的专家萨文卡博士（Dr.Savnka）建议我去找建筑大师托马索·布济（Tomaso Buzzi）。他是米兰大教堂的建筑修复大师，也是三座大教堂的主要建筑师。布济听完围阻体破裂成因的调查说明后，带我去他的测试研究室。他已经在测试机里放了一块水泥砖，机器可以微微拉动和扭曲水泥。他微笑着问我："邱博士，你猜这块水泥砖的应力是多少？"

我看着承载力，用计算机算了一下。

"小于 55psi。"我说。

"它会裂开吗？"布济问。

"当然不会，要 700psi 左右才会裂开。"我说。

"很好，应力只有 50psi。现在我把它增加到 60psi。"布济说完挥挥手，请助理调整测试机的承载力。

嘭！水泥砖裂成了两半。

"哇！这是怎么回事？不该裂开的啊！"我傻了。

布济说："当然会裂开，不过不是因为 60psi 的应力而裂开，而是因为水泥中储存的能量而裂开。"

他继续解释："水泥砖会裂开，不是因为压力，而是因为储存的能量。它和金属变形的原理完全不同。储存的能量会把水泥砖内的沙砾分开，导致碎裂。所以一块储存能量很高的水泥砖，即便遇到很小的应力挤压，也会裂开。"

和布济会面之后，我很高兴我们终于至少找到了一个可能导致水泥砖破裂的原因。几周后，我们修正预测程序，假设水泥砖储存的能量达到承载值时就会破裂。修正程序之前，假设水泥砖只有在承受最大应力值时才会破裂。

历经 8 个月耗力费时的调查，花费超过 1000 万美元后，终于可以结案了。好消息是我们终于找到围阻体破裂的原因。根本原因是水泥储存的能量很高，导致切割时围阻体破裂。负责切割工程的公司并没有评估到这个问题。现在我们有一个新的程序，可以调整切割方式，避免水泥储存的能量太高。

但我们也得到一个坏消息，用新的程序计算应力值时，整个水泥围阻体都会破裂。因为核电站用的是当地水泥，能承受的强度很低，没办法重启核电站。造价 26 亿美元的核电站因此退役。

忽略重要新事件

2020 年 2 月 5 日早上，我因为在外开会而晚来办公室。我看见人工智能与软件负责人布鲁诺·朱利安（Bruno Julian）、模型专家雷瓦多博士和其他几位分析师正忙着开例行会议，分析我们的股市心理模型：市场过度自信狂喜恐慌风险指数（Market Overconfidence-Ecstasy-Panic，简称 MOEP 风险指数）。

和以往不同的是，他们脸上没有笑容。他们告诉我，刚从人工智能软件得到一组新参数，并且重新计算 MOEP 风险指数，结果是

85。看来股市必定会崩盘，不会回档。但好消息是我们还有时间可以重新调整投资策略。MOEP 风险指数是我们公司开发的模型，是一个以投资者心理为基础的股市风险指数，可以预测投资者从过度自信转为恐慌的时间点。我们开发这个风险指数是为了验证我们的模块效能，也避免犯下过度自信的错误。

我们全面检视股市后，发现股市的总资本就像水塔库存一样，会随着放水和抽水起伏。根据影响库存的各种因素，可以再分为两个库存，一个是基础库存，另一个是心理影响库存。根据我们的研究显示，两种库存的规模在标准普尔股票市场的占比大约为 1:1。进出基础库存的主要资金来源有 3 个：个人收入、企业盈余、量化宽松政策下超发的货币。这些资金的投入或移出会影响基础库存的水位。基础库存的涨跌会受到财经新闻报道事件的影响，进而影响投资者的心理。如果投资者很乐观，便会把资金从债券、证券、房地产等转移到股市的心理影响库存。如此一来，心理影响库存就会增加，进而提升股市的整体表现。如果投资者很悲观，心理影响库存的资金就会流出。基础库存的趋势决定股市的长期表现，心理影响库存则会影响股市的短期表现。

根据过去 50 年股市表现的大数据分析发现，股市表现通常会直接受到基础库存起伏的影响，而投资者心态只会使影响趋势扩大。

用一个词来表达的话，可称为有效总收入，这是企业总所得（季报）和量化宽松政策挹注的资金乘以经验参数。我们将投资者的心理分成 4 种，如表 9-1 所示。

表9-1　投资人心态与股市起伏的变化

	整体股市表现上升	整体股市表现下降
有效总收入增加	过度自信	恐惧（2001年"9·11"事件后）
有效总收入减少	从狂喜到慌乱	谨慎观望

　　MOEP风险指数是根据负债权益比（dP/dE）和投资累积心理指数（Accumulated Investor Psychology Index，简称AIP指数）计算得来的。负债权益比是价格变化除以企业收入变化，投资累积心理指数则会受到过去4周财经新闻好坏的影响。如果都是好消息，AIP指数会是非常高的正数值；如果坏消息很多，AIP指数则会是高负数值。

　　图9-5为股市库存简易模型。如图所示，股市资金的流入与流出大约是30兆美元（单日平均约2000亿美元）。以21.4兆美元的美国经济规模来说，一季度GDP下滑5%和二季度下滑35%将造成2.1兆美元的经济损失。联邦量化宽松政策的2.6兆美元资金足以弥补2020年前两季的经济损失，股市因此会出现强健的V形复苏。

　　2020年2月初，大部分公司的财报是2019年最后一季的盈余。标准普尔500指数公司的盈余随着股市价格大幅震荡，负债权益比进入从狂喜到慌乱的阶段。同时，西方媒体大肆报道新冠病毒在中国传播的新闻将近一个月。MOEP风险指数上升到历史新高。

　　除了1987年的股市崩盘是因为交易系统失控外，其余的崩盘大都是由心理恐慌引发的。从出现心理恐慌征兆到股市崩盘之前，大概有数月时间。举例来说，2000年6月标准普尔指数暴跌之前，早在3月份就已经出现互联网泡沫事件。2007年8月标准普尔指数崩

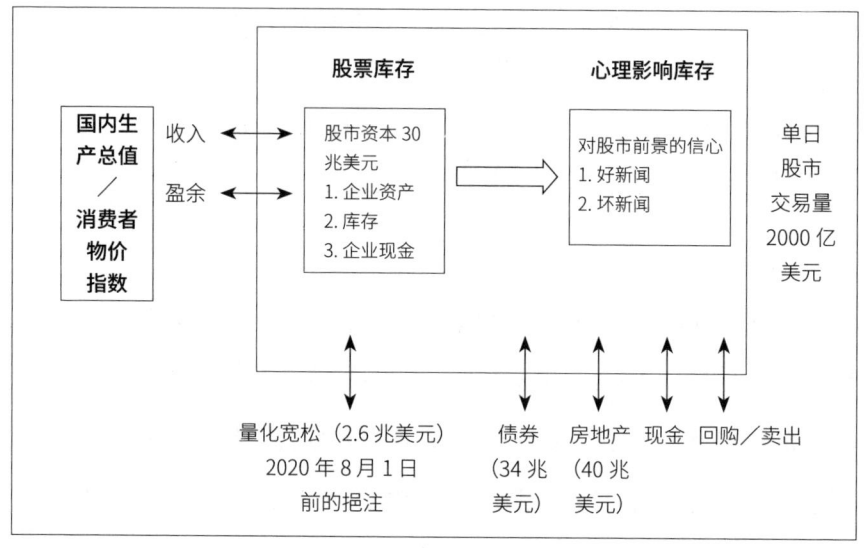

图 9-5　股市库存简易模型

盘前，早在 3 月份就已经出现次级房贷危机，并在 6 月急转直下（美国房价指数下跌 5%），代表股市的投资资金空转，以及投资者从过度自信转为恐慌的征兆。以股市投资为例，我们发现量化宽松政策揾注到股市的 2.6 兆美元会大幅增加有效总收入。2 月 20 日股市崩盘后，好坏新闻混杂，我们正确预测到量化宽松政策会为股市带来 V 形反转，而非 U 形反转。因此，我们在这次 V 形快速反转中抢得先机。

　　若 MOEP 风险指数为 85，代表投资人在近几个月从过度自信转为恐慌的概率为 85%。根据我们对历史资料的分析，1929 年股市崩盘后从来没有过这么高的指数。为了确认这件事，我请员工联系了好几位华尔街高层人士。几天后，员工回复的信息如下：

● 美银美林集团预测 2020 年会有 2.2% 的涨幅，可能有短期小幅度的回档，不会崩盘。

● 法盛投资管理公司刚在 2019 年年末调查世界 500 强企业。调查显示，一年内出现金融危机的概率不到 5%。

● 高盛集团预测疫情在这一年只会微涨，他们认为美国民众过去对疫情的恐慌对于群聚活动没有显著影响。

● 摩根大通集团认为利率非常低，失业率也是历史新低，而且 2019 年股市表现很好，2020 年不会那么好，但也不坏。

我一头雾水，因为没有人提到 MOEP 风险指数指出的任何相关结果。MOEP 风险指数明显表示，SARS 疫情和新冠病毒疫情对心理的影响并不相同。2003 年，美国股市在 30 个月的空头过后反弹，当时的 MOEP 风险指数并不高。

保守起见，我决定将所有股市、基金和商品投资换成现金，准备迎接一场史无前例且没有回档的股市崩盘。几周后，股市就崩盘了，不过我的公司、客户和我本人都避开了重大亏损。

什么是重要新事件

"新"代表这个事件原本不存在，"事件"代表一种情况、条件、自然事件或人为行动。"重要"表示这个新事件对未来情况有相当大的影响，不将其纳入考量便可能会出错。

在危机管理中，一定要将重大新事件纳入考量。并不是要考虑

表 9-2　新事件分类表

	内部原因	外在原因
企业相关	罢工 人为错误 设备故障	新竞争者进入 竞争对手形成同盟 新产品／服务竞争 供应短缺 市场改变 对手应对策略 对手行动
非企业相关	丑闻 偷窃	新法规或法律 地震 停电 水灾 火灾 暴风雨／飓风 霜冻 疫情

所有重要新事件，而是将可能发生且会导致严重后果的新事件纳入考量。

依照新事件的特性，我们可以把新事件分为内部事件与外部事件、商业事件与非商业事件。需要纳入商业决策考量的典型新事件如表 9-2 所列。

如表 9-2 所示，许多新事件都是外在因素，只能由 CEO 通过内部管理来预防、减轻或转化影响。根据我的观察，要成为高风险管理良好的公司，需要有"3, 10, 30"原则。意思是要考虑过去 3 年、10 年、30 年发生过的最坏的情况。对部门主管来说，如采购部主管、作业部主管、维修部主管，都要建立健全的运作流程，确保自己即便遇到 3 年来最糟的情况也不至于被开除；对公司 CEO 来说，决策时应该要考量过去 10 年最糟的事件；而从风险管理公司的角度来看，应该要建立降低损失的标准方法，这样即便遭遇 30 年来最严重的事故，也不会让整个公司垮掉。

这个原则是根据许多高绩效公司 30 年的经验总结而来，从逻辑上看，通常部门主管的任期是 3 年，CEO 大约 10 年，而大公司大约能营运 30 年。

以维修部经理来说，应该要考虑过去 3 年来发生的事件，以及这些事件对业务的影响。以常见事件来说，可以透过质量管理、质量控制、人员培训等来避免事故发生。以 3 年的事件来看，则要建立及早发现并预防的流程。如果无法预防，也可以减轻后果的严重性。

图 9-6 说明新事件的形成过程。就像你看到的情况，新事件的发生并非空穴来风，通常是因为自然力量，如板块运动引发地震（新事件），或是人为决策和后续行动，如战争里的攻击行动，或是竞争对手打价格战时的杀价。

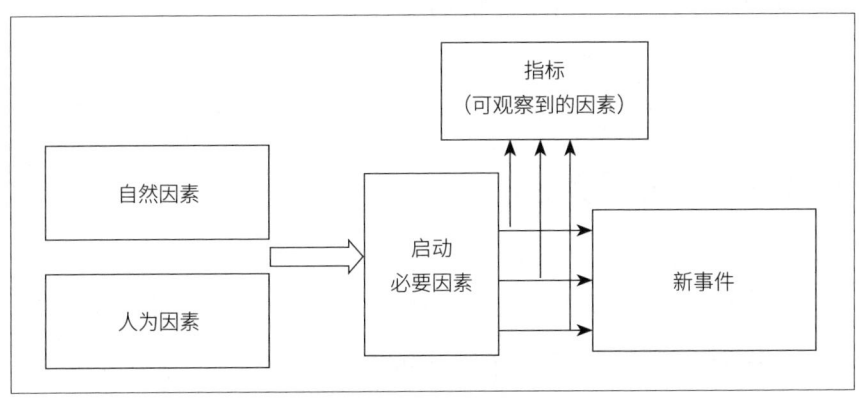

图 9-6　新事件的形成过程

一旦有了导火线，就需要很多必要因素来酿成新事件。例如 CEO 决定对竞争者发起价格战之后，公司就要打广告，减少较低效益的非必要支出，至少在短期内发行债券或贷款来募集资金等。只有这些必要因素都存在，才能削减价格。

当引发因素聚集在一起，就会显露出信息，这种信息便是削减价格的指标。有些新事件的引发因素没有公开出来，如两家公司签订合约，达成同盟共同对抗其他公司。即便事件不为人知，但仍有早期征兆，如不会竞争同一个市场。这些早期征兆也是新事件发生的指标。

可以用 3 种方法来预测新事件发生的可能性，即过去的统计、启动必要因素的存在、前兆的存在。

如果新事件在之前发生过，那么对过去事件的统计通常会用来预测未来事件的发生概率。如果新事件是没有发生过的，那么事件的发生概率就可以用启动因素的完整比例来估计。如果检测到百分之百存在启动必要因素，那么新事件很有可能会产生。至于何时会发生新事件，前兆的存在就是很好的预测方法，这时要做的是在发现引发因素存在时，预测新事件的走向。

面对不确定时不够保守

做决策时，当信息不足且不确定时，预测也往往是不确定的。面对同样程度的不确定性，有些决策者可以做出好决策，有些人却会惨败。其中一个主要原因就是，好的决策者在面对未知时会采取保守做法，而其他人不会。

面对不确定因素时，不够保守经常会酿成大祸。以 2008 年全球金融危机为例，许多金融公司遭遇重创，但是一家市值达 70 亿美元、我在 2007 年 9 月担任独立董事的金融公司，却因为采取保守策略而毫发无损。

那时候，我们公司还没有开发出 MOEP 风险指数，无法准确预测股市崩盘。但是我发现有两个征兆显示当时必须把钱从股市里拿出来。第一个征兆是美国房价指数从上一年 7 月份的 185 跌到当时的 170。美国房价指数第一次下跌出现在 1987 年，反映出抵押贷款人的还款能力不足，以及缺乏投资资金。

另一个征兆是殖利率倒挂，也就是短期债券的殖利率比长期债券还高。短期债券殖利率高表示大众开始对长期经济有疑虑，企业打算卖更多短期债券，这显示出大家普遍觉得经济要衰退了，代表投入股市的资金会减少。

自从有指数以来，这是第一次出现房价指数下跌，至于低利率能不能和对经济即将走下坡的担忧抵消，还是未知数，没有前例可以参考。因此，我们应该采取保守策略，假设股市会走低。

我们判断，现在把钱拿出来，客户不会有亏损风险；如果把钱留在股市，会有 30% 的亏损风险或者最多 8% 的利润。如果股市崩盘，大跌 30%，但是客户已经把钱换成现金，就可以在低点买回，赚到这 30% 的利润。如果假设走高、持平、走低的概率都是 33%，那么把钱留在股市的回报率最高是 2.5%。而把钱从股市拿出来，净利率最多可以到 10%。比较一下，采取保守策略当然是比较好的做法。

当时最热门的基金就是雷曼兄弟的基金，提供给理财专员的佣金高达1%。不过我判断雷曼兄弟快要破产了。因为雷曼兄弟从2000年以来就是次级信贷担保的龙头，这表示雷曼兄弟是次级信贷的保人，赚的是政府贷款和客户借款利率之间的差价。这很好赚，只要几个员工负责作业流程和风险管理就好，每年可以处理几兆美元的次级贷款。因为这样，他们的利差非常高。这就是他们为什么可以给1%的佣金来提高股价。股市里的钱越多，流动资本就越多，就可以处理更多次级信贷。但是，我们看到两个次级信贷还款不足和经济衰退的征兆，和分析师们对明年股市的预测相反。经济衰退和还款不足会恶性循环，让这两个情况越来越严重。因此我估计，如果发生金融危机，第一个垮的就是雷曼兄弟。

因此，我向这家金融公司各分行的理财专员解释股市走势的不确定性，建议他们必须采取保守做法。3个月后，公司调查显示84%的专员接受了我们的建议，劝客户别把钱留在股市。我也把个人投资和公司投资都换成了现金。

果不其然，股市在2007年10月开始下跌，在2008年9月雷曼兄弟宣告破产几天后崩盘。

那年感恩节，我们家族聚餐，我很高兴自己避开了这波崩盘。不过我哥哥却说："我投资在雷曼兄弟的资产几乎都没了。汇丰银行的理财专员跟我说，雷曼兄弟百分之百是好股票。她说服我把大部分资产拿来买这只股票。本来在这次股市崩盘之前，她给我的建议都很好。她跟我说，不是只有我，大家都不知道会这样，连她的主管都很惊讶。"

我哥哥邱烨住在泰国，有一家经营了 30 年的建筑公司。投资雷曼兄弟的亏损对他来说只是小钱。过去我们很少有机会相聚，只有假日或母亲生日才会见面。所以我们聊的多半是家里的事情，很少聊到工作。这是我们第一次聊到投资。我突然意识到，我的家人和美国许多投资者一样，在没有得到全部信息时，只相信理财专员，没有保守决策，结果成为受害者。如果自己确实搜集了信息，做好预测，就可以避开这些风险。

对决策结果预测不准确，就没有好未来。

本章练习

* 想一想，有没有运用情境分析法的例子？

* 想一想，有没有运用多项前兆预测法的例子？

* 想一想，在跟工作或生活相关的风险决策中，有没有重大新
   事件影响原本决策的例子？

第十章

选项形成错误

成功的决策者会把所有可能会发生的决策选项都纳入考量，这是做好决策的关键步骤。

　　根据反向归纳、正向突破的大数据分析，我们发现设定选项时经常会遇到 4 个导致错误的因素，包括：

- 选项与限制条件不符。
- 没有把过去经验纳入选项。
- 没有考虑未来情况的影响。
- 缺乏创新选项。

　　诺基亚就犯下了这样的错误。它一度是全世界市场占有率最高的手机大厂，但进入智能手机时代后，诺基亚在 2012 年决定与微软合作开发新的手机操作系统，而不是使用 Android 系统。开发新系统要 7 年的时间，但手机产品每 3 年就迭代一次。因为新系统开发赶不上手机产品迭代速度，导致诺基亚的霸业快速陨落，这是公司局限在开发新操作系统的时间限制造成的结果。

　　要预防这 4 种选项形成错误，决策者必须在设定选项的过程中内建多项技巧。要避免选项与限制条件不符，就要找出硬性与软性限制加以变通。要预防没有把过去经验纳入选项，就要跟有经验的人组队进行头脑风暴，才能找出常用的可能选项。要避免没有考虑未来情况的影响，便要采用决策树分析法。要避免缺乏创新选项，则要采用创新思维法。

　　在复杂的商业决策过程中，这四种方法都要用到，才能避免选项形成错误。

找出限制再加以变通

决策的限制通常分成两种：一种是无法调整的硬性限制，另一种是在某些条件或特殊做法下可以克服或减轻影响的软性限制。

根据我们的经验，常见的硬性限制包括违反法规或法律；失去关键人物的信任，如客户和支持者；不必要的伤害；不必要的资产损失，如房地产、投资等。

企业的软性限制通常和执行解决方案的条件有关，如执行决策的时间限制、资源限制、技术限制、决策时机、缺乏重要信息等。

决策之前，应该把软性限制列出来，并找出因为软性限制而被排除的选项。这些被排除的选项在克服软性限制后可以再次纳入考虑。

许多决策错误大都是因为违反硬性限制或软性限制。违反硬性限制的案例如美国总统理查德·尼克松（Richard Nixon）的水门事件、美式橄榄球运动员辛普森（O. J. Simpson）被指控谋害前妻、高尔夫球星泰格·伍兹（Tiger Woods）外遇不断等；违背软性限制的典型案例如诺基亚在智能手机事业上的失利。

头脑风暴

找出决策选项的常用方法之一就是找有经验的人一起进行头脑风暴。头脑风暴是一种自由创造点子的方法，可以自己思考，也可以与几个人一起思考。有效的头脑风暴是把决策目标写在白纸中央，在其周围写下与目标相关的想法，像泡泡一样围绕着决策目标。在头脑风暴过程中，经常提到以下几个问题：

● 类似的决策通常有哪些选项？

● 选项可以延伸或调整吗？

● 可以把几个选项综合起来，提出更好的选择吗？

● 经常因为限制而被否决的创意方案有哪些？

● 可以移除一些限制，创造更多机会吗？

头脑风暴通常可以分成几个不相关的阶段，中间可以放松一下，或做点完全不相关的事情。这样一来，思维才不会因压力过大而被困住，可以更有效率地解决问题。

决策树分析法

在决策树分析中，许多决策途径都是从分支点创造出来的，每一个分支点都是未来事件的未知结果。顺着分支点过去，会有好几个决策路径，每一条路径都代表一种可能的结果。未来事件可能是政府即将修改的法规、天气状况、竞争对手的应对方案等。要画出决策树图，就要提出以下问题并认真思考：

● 可能影响决策的新事件有哪些？

● 每一个新事件的结果可能是什么？（例如影响高／中／低或好／坏）

● 在每一条途径里，我有什么选择？

许多选项形成错误和没有考虑所有分支点有关，尤其和对手反应或对决策的回应有关。举例来说，如果一家公司决定降低其中一项产品的价格，其中一个分支点就是主要竞争者也可能降价。以这个例子来看，分支点之后可能有两条途径，其中一条是竞争者没有反应，另一条是竞争者为了保证市场占有率也跟着降价。

近期，企业常用决策树来分析新冠肺炎疫情的影响，如图 10-1 所见，未知结果的分支点是封城时间。分支点后有 3 条决策路径：封城时间长、中、短。根据疫情严重性和传播程度，以及治疗方法和疫苗出现的时间，估算每一条路径的概率。每一条路径上，都有超前部署的决策选项和最佳选项。一般企业需要考虑的选项有以下

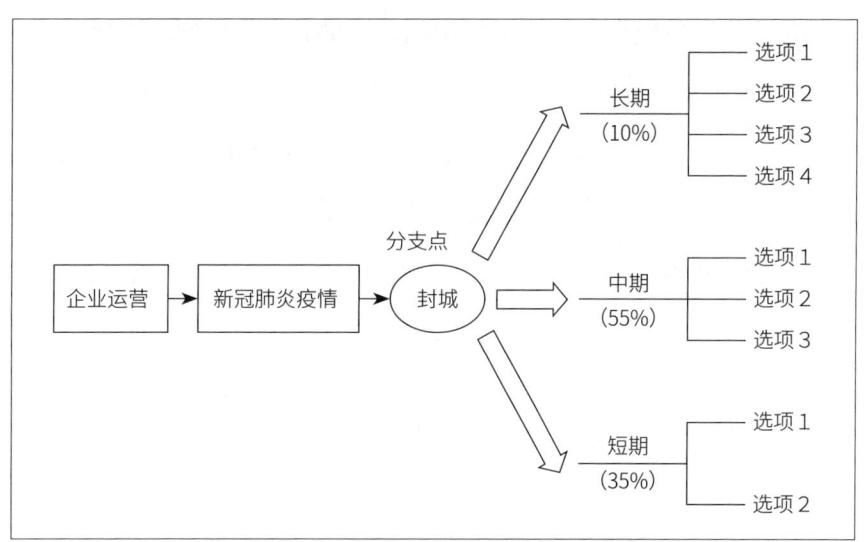

图 10-1　新冠肺炎疫情的决策树分析

几种：

- 建立居家办公的监督管理制度。

- 让员工从生产转向研发。

- 让员工居家办公以节省经费。

- 放无薪假或有偿裁员以节省经费。

- 发行债券和股票来筹募资金。

- 申请银行贷款。

- 申请破产。

以下是用决策树在危机中做出决策的案例。这个事件发生于2009 年 12 月 11 日的美国芝加哥市。

我的公司接到一个紧急业务，要处理一桩严重的脚手架坍塌事故。脚手架全长约 92 米，有 6 人被埋。脚手架的整体结构已经大量毁损，分解成几千段，这些毁损的钢架预估重量约 560 吨。这个脚手架位于火力发电厂的大型锅炉中间，仓储就在它中间的支架上。

按照公司规定的处理流程，我立即组织 15 人的核心团队，分成 5 个小组：项目管理组、信息管理组（负责搜集、确认和分析信息）、灾损控制组、决策分析组，以及负责检视与确认工作的监督组。在我们前往事故现场之前，先请两家当地的公司派出人力，提供切割锅炉水冷壁和操作起重机的服务，以便把破损的钢架移出锅炉。他们告诉我们，3 小时内只有一台切割机和两台起重机可以到现场。还有一台正在维修的切割机之后可以支援，预估大概会晚 10小时。

我们乘坐私人飞机，在接到电话后 3 小时抵达现场。抵达时，一台切割机和两台起重机已经到达现场。

首先要做的是找出被困在瓦砾堆上层的生还者。我们带着声音探测器和心跳探测仪，系上背带垂降到瓦砾堆中，快速搜索瓦砾堆上层。探测器没有任何感应，这个情况并不意外，因为如果人被埋在超过 6 米深的地方，而且身体十分虚弱，甚至在意识不清的状态下，的确会探测不到信号。搜索过程中，我也发现所有脚手架的梁底支撑都从连接处脆化断掉，没有一处是慢慢变形的。这代表整个脚手架不是缓慢坍塌，而是在短时间内迅速倒塌，大概只花 5 到 10 分钟时间。

同时间，我们写下所有搜救方式的限制。

硬性限制有：

● 移除瓦砾过程中不能再次坍塌，以免伤员再次受伤。

● 搜救团队成员不能受伤。

软性限制有：

● 8 小时内尽快找到受伤人员。

● 只有一台墙壁切割机和两台起重机。

● 不确定坍塌时间，所以很难确认他们当时的所在位置。

8 小时内要找到受伤人员的限制是依据经验而来的，若搜救时间超过 8 小时，那么伤口失血面临截肢和心脏病发作的概率便会随之增加。

从逻辑上来说，我们希望找出 6 位工作人员当时执行任务的地点。我们也希望再多一台切割机，才能同时在墙壁两侧各开一个洞。这样的话，两台起重机可以同时作业，透过打出的两个洞把残破的脚手架移开。然而，为了让另一台切割机可以在对侧墙面打洞，我们必须先用起重机移除挡住空间的管道，管道共有 3 条，每条管道的直径约 1 米。

我们要考虑 3 件结果未知的新事件，即伤员位置、第二台切割机到达的时间、移除 3 条管道的可行性。每一件都是决策树的分支点。

根据可能的结果，决策分析组评估 4 种情况下救出所有伤员的时间，最好的情况是 6 小时，最糟的情况是 30 小时。

如果知道伤员位置，我们就可以马上在锅炉水冷壁上正确的高度和位置开洞。靠着临时木桩支撑，我们可以进入瓦砾堆中，一一移除坍塌的钢架，有木桩支撑可以避免二次坍塌。如果不知道伤员的位置，我们就得从瓦砾上层的墙壁开始切割，一一移除坍塌的钢架。

这个事件的决策树可以简化为图 10-2。从这个决策树看来，我们要同时进行所有可行方案，希望能在最短时间救出他们。要做出好决策，决策分析组需要控管和结合这 3 个新事件。信息管理组开始询问现场人员，希望找出他们当天计划的工作内容和可能位置。项目管理组负责和提供切割机的公司合作。灾损控制组则负责联系切割机的修复和运送，以及移除管道的问题。

1 个小时内，我得到以下信息：

● 根据两位听见巨大坍塌声响的员工表示，坍塌时间约在下午 1 点 35 分。

● 根据一位目击者的回忆，6 位员工在午餐过后，约下午 1 点

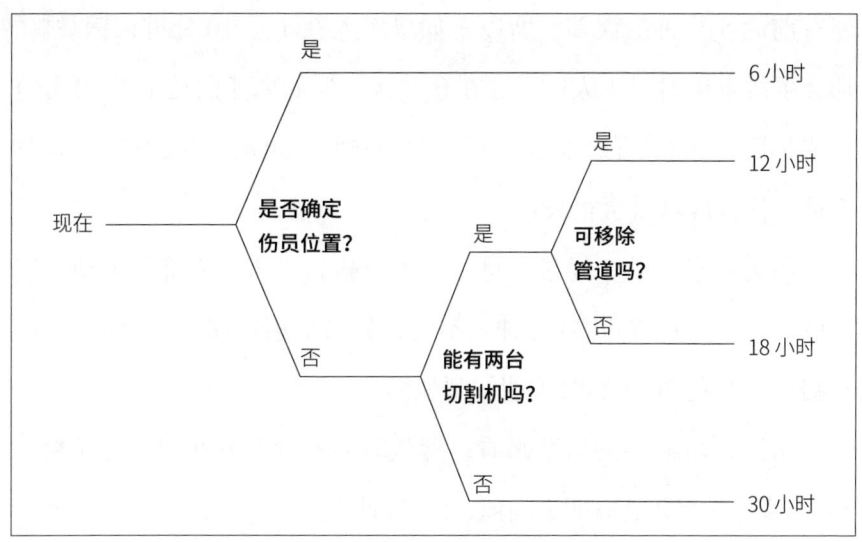

图 10-2　预测新事件结果的决策树

15 分到 1 点 25 分之间从小门进入锅炉区。

● 下午的第一项工作是启动通向起重机的滑轮，并把新的锅炉管道移到仓储区。滑轮和仓储区位于锅炉西侧，脚手架在锅炉中间、电梯往上约 43 米的位置。所有工人可能都在仓储区附近。

● 工人从小门走楼梯到仓储区大约要 20 分钟。

● 另一台切割机会比预期早到现场支援，大概 4 小时内可以抵达。

这些信息是否意味着所有工人都在仓储区附近？我们要立刻从锅炉西侧、电梯上方 43 米的高处切割墙壁吗？

这两个问题的答案都是"不"。

下午 1 点 15 分到 1 点 25 分是一位目击者的回忆，他的记忆可能有前后 5 分钟的误差。所以，如果工人在 1 点 10 分进入锅炉区，那么事故发生时，工人应该会在仓储区。但如果他们是 1 点 30 分进入锅炉区，那么事故发生时，他们会在通往仓储区的楼梯上。这样的话，搜救区域就会很大。

因为信息有限，经过信息管理组分析，工人在仓储区的概率是 25%，即 5 分钟除以 20 分钟。不过，如果决策错误，就会走到第 4 条路径，要花 30 个小时才能找到他们。

所以，从概率的角度来看，搜救时间不会是 6 小时，也不会是 30 小时，可能会是概率中间值，约 24 小时[①]。

但 24 个小时太久了。所以我决定再搜集更多信息，看看能不能减少搜救时间。我请信息管理组对现场所有人员发出紧急任务，再次询问有没有目击者记得这 6 位工人进入锅炉区的时间。

20 分钟后，信息管理组找到另外两位目击者。根据从目击者指出的地点走到锅炉所花费的时间，以及 5 分钟的记忆误差，第一位目击者指出他们进入锅炉区的时间在 12 点 58 分到 1 点 15 分之间，第二位目击者提到的时间是 1 点 11 分到 1 点 28 分之间。

现在有了三位目击者的记忆，唯一重叠的时间是在 1 点 11 分到 1 点 15 分之间。有了这个新信息，我们可以确定，如果 6 位工人进入锅炉区的时间没有比 1 点 15 分晚的话，他们就有足够的时间走到仓储区。

确定工人百分之百会在工作位置上，我们决定切割仓储区的外

---

① 计算方法是：25%×6+75%×30 = 24。

墙，并移除那里坍塌的钢架。有了灾损控制组的协助，在我们移除钢架时提供临时木桩，清出空间让搜救团队可以爬进去。不到 3 小时便找到了 6 位受伤的工人，并将他们移出锅炉区。事后的调查发现，这起事故的根本原因与脚手架底部支撑过于松软有关，而这起决策错误与工程技术分析的错误假设有关。

这个案例让我们学到危机处理时的 3 个做法：设定限制条件、搜集信息、建立选项并选择最佳方案。我们用决策树来超前部署，接着找出所需的过去事件。回溯过去事件时，我们采用简单的概率分析来判断所需信息，以及走哪条路径可以达到目标结果，目标即在最短时间内救出受伤工人。

这个案例很简单，选项不多，选择直截了当，不用预测或考虑其他竞争者的回应。如果是复杂的商业决策，新事件的分支点数量可以高达 10 个，而选项数目可以高达 200 个。通常，10% 的选项会比其他 90% 选项的发生概率更高，用这 10% 的选项就可以进一步分析出最终决策。

根据观察，我们发现好的决策者至少会想到 3 个分支点。每一个分支点代表一件预期中的未知事件，然后可以再分为 2 条或 3 条次要路径。所以 3 个分支点可以有 27 条次要路径。当时机到来，预期中的新事件发生时，结果就在掌握之中。预期的结果可以不断更新，在原本的决策树上加入新的分支点。这棵树始终保持 3 条主要分支路径，这样一来，决策者便可以掌控大方向，确保所有路径都能达到设定的目标。

我们发现多数决策者只会先思考 1 至 2 个分支点；一些有洞见

的决策者会想到 3 个分支点；少数出色的决策者，可以想到高达 7 个分支点。

创新思维法

创新思维法是零错误公司研发团队在 2001 年开发出来的。团队检视 78 个近代突破性的创意，包括拉里·佩奇的 Google 搜索引擎、埃隆·马斯克的 PayPal、安迪·鲁宾（Andy Rubin）的 Android 系统等，并将这些突破性的创意思维归纳为创新思维法。

创新思维法是在决策时提出创新思维的系统方法，能创造出突破性的商品和服务。

第八章提过创新思维法包含 4 种方式：

● 和重要竞争者比较。

● 基础的延伸和整合。

● 列举细节。

● 旧技术新应用。

和重要竞争者比较有时也称作模仿或模拟。在极端情况下，和重要竞争者比较就是复制。从本质来说，企业可以向竞争对手学习，并复制其产品和服务的优势。许多企业有负责逆向工程的员工，针对竞争对手产品提出"和重要竞争者比较"的创新思维。

近几年成功运用和重要竞争者比较的创新思维案例包括 Instagram 模仿 Snapchat 推出在 24 小时内删除分享的照片和视频、小米模仿苹果智能手机界面，以及 Google Home 模仿亚马逊 2014 年推出的智能音箱 Amazon Echo 等。

基础的延伸和整合代表创新思维可以从某个现有想法延伸出来，或从许多现有想法归纳出来。许多领导企业，如苹果公司、Google、Meta 等，都以基础的延伸和整合的创新思维作为公司文化。例如 iPhone 11 将原本只有 1200 万像素的 iPhoneXR 提高为双摄像头、1200 万像素和广角镜头。

列举细节是创新的另一个方式。细节和市场定位、科技功能或服务范畴有关。举例来说，一家企业在检视现有市场定位时，发现遗漏了几个市场区块。因此该企业便在下一波营销和销售中纳入这些被遗漏的细节。

旧技术新应用代表可以从不相关的科技领域或应用找到创新思维。例如智能手机的触控屏是从笔记本电脑的屏幕触控应用转换而来的。高强度的碳纤维一开始用于军事设备，在军事设备领域取得成功后，快速应用到汽车制造、建筑，甚至运动产业上。

成功的决策者会将所有可能发生的决策选项都纳入考量，这是做出好决策的关键步骤。

> 如果有多种类型的菜可以挑选，挑到好菜的概率就比较高。如果决策中产生的选项足够多且优质，做出好决策的概率自然也会比较高。

本章练习

* 用头脑风暴找出选项的主要好处是什么？

* 用决策树分析找出选项的主要好处是什么？

* 用创新思维法找出选项的主要好处是什么？

第十一章

选项选择错误

困难的决定要从变化多样且似是而非的选项中做出选择。如果没有详细的技术分析，最终不会从最困难的选项中找出成功方法。

　　在欧洲，罢工是很常见的抗议方式，劳工罢工的目的是希望取得更好的待遇，不管是要求更高的薪水，还是缩短工作时间。不过罢工有时候也会得不偿失。举例来说，1981 年 8 月 3 日，飞航管制员工会代表美国航空管制员发起罢工，认为需要更高的薪水和更好的退休待遇。这场罢工旋即导致美国所有商务航班取消。即便相关管理部门提出加薪 11.8%、比其他联邦政府员工高 3 倍的薪资，联邦法院也颁布罢工禁令，命令所有人回到岗位，但谈判仍僵持不下。工会代表决定继续罢工。结果到了 8 月 5 日，里根总统决定开除 85% 拒绝签署复工协议后不再参与罢工或不愿意回到工作岗位的罢工者。被开除的罢工者一生都无法再进入美国政府部门工作。

　　这些罢工者犯下的是决策中的选项选择错误。根据反向归纳、正向突破分析法的大数据分析，我们发现在做决策的过程中有 5 种常见的错误因素，包括：

　　1. 没有分析选项的优缺点。

　　2. 选项的风险跟利益不相符。

　　3. 选项与长远的策略产生冲突。

　　4. 选项不够保守。

　　5. 私心造成的错误选项。

　　为了预防这 5 种选项选择错误的因素出现，我们发现成功的决策者经常会采用 3 种方法。分别是：加权准则决策矩阵、互动赛局策略、概率分析。分别使用或综合运用这 3 种方法，便能够预防决策时的选项选择错误。

　　要预防第一、第二种错误因素，往往会采用加权准则决策矩阵；要预防第三种错误因素，则会采用互动赛局策略；要避免第四和第五种错误因素，常常会采用概率分析。对于无须互动的一般决策，即决策结果取决于对方回应，如下棋，便要采用加权准则决策矩阵和概率分析来避免决策错误；如果决策有互动，则 3 种方法都要使用。

因为篇幅有限，我们这里只介绍加权准则决策矩阵与互动赛局策略。

加权准则决策矩阵

加权准则决策矩阵是用数值客观排序选项的方法，根据两个独立因素来判断出最佳选项。一个因素是选项标准，另一个因素是重要程度。选项标准分成两个相反指标，一个是有利条件，如效益成本比、高设备可信度、低附加影响、长期／短期影响等。另一个是风险条件，如项目中的第一次作业和无经验、相关人员之间利益分配不均、许多单项弱点或缺少专业人士协助决策等。每个条件都用一个分值来表示其重要程度。列出所有选项后，再用加权来算出所有选项的数值。最后，使用加权准则决策矩阵可以算出有利条件的总分和风险条件的总分，再根据主观决定算出"有利"搭配多少"风险"会是最佳选择。

表 11-1 是分析有利条件总分的分数表，同样的表格可以分析风险条件，算出风险总分。图 11-1 则是筛选最佳选项的图，利用有利

表 11-1　5 项有利条件和重要程度的加权准则决策矩阵

	有利条件 1	有利条件 2	有利条件 3	有利条件 4	有利条件 5	有利条件 总分
选项 1	2	0	0	1	1	0.8
选项 2	1	−2	2	1	−2	−0.3
选项 3	2	1	2	1	0	0.6
选项 4	−1	1	1	0	2	0.8
选项 5	0	2	2	−2	1	0.7

★ 有利总分越高，该选项就越有利。

★ 选项 1 和选项 4 都是最高分 0.8。很多决策者会想办法让选项 1 或选项 4 更好，好让其中一个的分数比另一个更高。有些决策者会检视选项 1 和选项 4 的详细内容，并把这两个选项结合起来。

★ 各条件的比例是该项条件的加权比例，整体加权比例为 100%。百分比越高，有利结果的重要性越高。

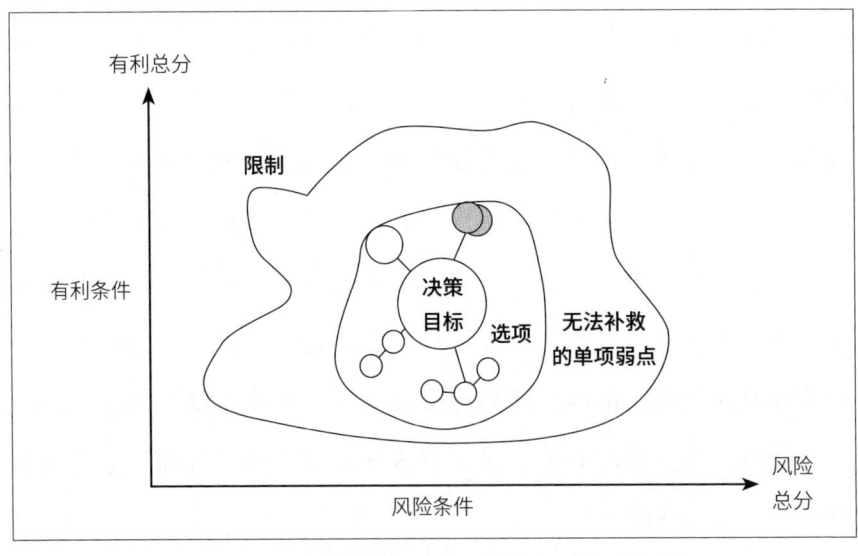

图 11-1　根据有利总分／风险总分地图做选择

总分和风险总分之间的权衡，就可以找出最佳选项。

无论事情重要或不重要，加权准则决策矩阵都是用来评估商业决策的技巧。这里分享一个常见的例子。一家公司的软件研发项目主管职务空缺。这个职务需要面对许多客户、员工和机构，有时候需要到印度和中国出差。吉姆和戴尔投递了简历。他们两位都符合资格，也都有很好的推荐人，但两人的不同之处在于：

● 吉姆做过 4 份工作，每份工作约 2 年；戴尔在上一家公司工作了 15 年。

● 吉姆很外向，是个活泼的人；戴尔似乎是个内向的人。

● 吉姆会说 2 种语言，英语和西班牙语；戴尔也会说 2 种语言，英语和中文。

招聘委员会有 4 位成员，2 位投票给吉姆，因为他比较活泼外向，而且有接触不同研发项目的经验。另外 2 位投票给戴尔，因为他给人的感觉更可靠，而且会说中文。在票数相同的情况下，4 位委员决定用加权准则决策矩阵来做出决策。他们首先找出 4 项有利条件（即标准），以及这些条件对软件研发项目主管的重要程度（加权比重）。这 4 个条件及加权比重为：

● 可靠度（35%）

● 人际技能（15%）

● 项目管理经验（多样性）（30%）

● 语言技能（与客户沟通）（20%）

4 位委员同意这几项条件和加权比重之后，一起根据 4 项有利条件计算吉姆和戴尔的每项分数。分数从 –2 分（最差）到 2 分（最

表11-2 利用加权准则决策矩阵决定聘雇人选

	可靠度 （35%）	人际技能 （15%）	专业管理经验 （30%）	语言技能 （20%）	有利总分
吉姆	−1	1	2	0	0.4
戴尔	2	−1	1	1	1.05

好），所有委员在加权准则决策矩阵的评分如表11-2所示。最终算出吉姆的有利总分是0.4分，戴尔的有利总分是1.05分。显然戴尔是这个职位的不二人选。

互动赛局策略

在互动情境下，决策者若没有了解赛局策略，任何决策都可能是错的。

企业互动赛局的多数错误出现在3个领域，通常与竞标策略、议价策略和冲突回应策略有关，议价策略又称谈判策略。除了这3个策略，其他互动策略如价格战、与其他企业合作、定价策略等，也会出现在企业之间的竞技场中。

竞标策略是为了确保选出最好的供应商，并赢得拥有合理风险的合约。许多竞标后的失策都是由于"赢家的诅咒"[①]，赢得竞标的商

[①] "赢家的诅咒"是一个经济学词名。在谈判中，指马上被另一方接受的提议。此术语意味着尽管提议被接受，但提议人却未得到最好的交易结果。

家通常会高估标的价格，或者低估满足标的合约所需的资源。结果赢得标的或合约后，赢家因为标的和合约而亏钱，有时甚至会因为损失重大而破产。这种类型的错误称为竞标错误。

竞标策略和谈判策略会相互影响。举例来说，可以选择两家最好的供应商来做最终谈判。有时候，最低价的供应商可能不是最好的选择。还要考虑产品质量、交货时间等问题。因为价格很低，该供应商很可能无法履约，甚至可能因此破产。如果供应商破产，供应便会中断，很可能导致运营中断，这是很严重的问题。

竞标错误

企业要如何避免和竞标策略有关的错误呢？

Google 首席经济学家哈尔·罗纳德·范里安（Hal Ronald Varian）对此进行深入研究，提出采用次价密封投标的解决方法。这个策略的原理是得标者并不是用得标的价格购买商品，而是支付得标价和次高价之间的价格。一些企业倾向取最高价和次高价的中间值作为最终价格。另一些企业，如 Google，则会通过精密程序算出最终价格。这个程序会将总数量、竞标厂商数、最高价和次高价的价差幅度等因素考虑在内。次价密封投标的目的是确保竞标过程公平且合理。

常见的竞标错误包括没有考虑刻意减价的"赢家的诅咒"、没有评估风险、没有指出或管理标的合约中的单项弱点、被假信息误导。

减价指的是投标者刻意压低得标价格，如压低5%的价格，来避免"赢家的诅咒"现象。

两家跨国公司，美国西屋电气公司和法国阿海珐集团正是因为"赢家的诅咒"而宣告破产。西屋电气因为佐治亚州和南加州AP1000核电站标案的建造成本超支千万美元，在2017年3月宣告破产；阿海珐则是因为芬兰欧洲压水反应炉标案的建造成本超支百亿美元，在2016年宣告破产。

议价错误

议价是让双方达成交易的谈判过程，必须消除双方差异或解决问题。在谈判过程中，双方可能做出让步、达成交易，可能僵持不下，也可能破局。导致这些结果的推动力就在于谈判筹码的平衡或失衡。

根据2011年分析的230个谈判失败案例，包含无法挽回的妥协、适得其反的要求、薪资协商不成的罢工、对一方或双方都不利的僵局等，我们发现最常见的5种议价错误正好是谈判时会出现的错误，包括：

1.在谈判前没有议价筹码。

2.在谈判中没有趁机增加议价筹码。

3.谈判时因违反公正、公平、合理原则而损失信誉。

4.用偶发筹码作为谈判的长期筹码。

5. 与魔鬼交易。

在谈判前没有议价筹码是最主要的因素。因为这项议价错误而导致谈判失败，代表公司在谈判后的处境比之前更糟。有些企业甚至可能在自行启动谈判后溃不成军。让我用下面的例子来说明如何避免议价错误导致企业失败。

一家圣迭戈的泳池设计建筑公司近年来营收不断下滑，公司老板请我们协助用决策根本原因分析找出问题。我们搜集相关资料后，发现他们的提案成功率只有9%，也就是平均100个提案中只有9个会被客户采用。以圣迭戈只有12家同类公司来看，9%的成功率太低了。这家公司让工程师花25%的精力写提案，而这些提案却不断被客户拒绝。除此之外，在客户采用的提案里，71%与高端泳池相关，20%是中端泳池，9%是低端泳池。这家公司所宣传的建造规格比其他公司多出许多，建造规格不仅包含所有工程细节和时程，还包含3D概念图纸。

有了搜集来的信息，我们用实时决策根本原因分析来找出问题所在。实时决策根本原因分析是我们开发的问题解决软件，结合人工智能与大数据来找出产生问题的根本原因。以这个例子来说，我们找出的根本原因是中低端市场的谈判筹码过低。为了提高谈判筹码，公司应该放弃中低端泳池市场，因为公司有丰富的建造规格和优良的设计理念，其他公司很难与之竞争，所以有一定的优势。在中低端市场，公司的提案可能成为潜在客户拿来跟其他建设公司议价的工具。也就是说，客户一开始会提出假标案或假议价，拿到精美的设计图之后，转交给报价低的建筑商建造。以高端泳池市场来说，竞争者无法做出同样设计的特殊灯光和精密的盐水过滤系统，这样的过滤系统的设计需要丰富的经验和高级工程知识。

经过我们的根本原因分析后，公司针对高端泳池市场做修正计划，并放弃中低端市场。短期计划是只做高端泳池的概念设计图，省下在中低端市场吃力不讨好的提案精力，把重心放在提升效率上，并将市场拓展到洛杉矶。导入修正计划的 3 年之后，这家公司的营收增长超过 200%。

谈判筹码

一旦成交，代表谈判的每一方都认为另一方的谈判筹码和自己相当。因为双方都不会要求对方让步，而且参与者都同意这笔交易。

当要求对方让步时，提出要求的那一方认为自己的谈判筹码比对方更多，妥协经常是为了使 A 方和 B 方的谈判筹码达到平衡。通常谈判筹码少的一方会对谈判筹码多的一方让步。

若谈判陷入僵局，或僵持不下，通常是因为谈判双方都认为自己比另一方拥有更多的谈判筹码。

议价过程中，某个参与者可能会释放假信息，让另一方认为自己拥有的谈判筹码比实际情况更多。这种假信息就称为虚张声势。举例来说，1997 年乔布斯把 NeXT 卖给苹果的谈判过程中，他故意宣布好几样不存在的商品即将上市，而且是很有竞争力的商品，大幅增加了自己与苹果的谈判筹码。他虚张声势的策略后来证明奏效了。

在某些企业案例中，谈判筹码等同获利和成本。很多时候，谈判筹码是无法估量的。

这里的谈判筹码指的是在谈判中，双方让自己的影响力大过另一方的相对能力。谈判过程中，拥有较多谈判筹码的一方通常会从谈判筹码较少的一方得到较好的条件。如果所有参与者的谈判筹码相当，而且没有合约义务的话，就会陷入停滞状态。当谈判筹码不同时，拥有较多谈判筹码的那一方永远都会想从其他人身上得到更多的东西。

在家庭中，拥有最多谈判筹码的肯定是小宝宝，只要宝宝哭着要喝奶，父母马上会喂奶。如果父母拒绝喂奶，宝宝就会哭得肝肠寸断，让父母也肝肠寸断，宝宝的哭声会让父母心疼。宝宝哭起来，父母没有任何快乐可言，只有痛苦。而且宝宝在费尽吃奶的力气号啕大哭时，也很痛苦。如果父母让宝宝喝奶，宝宝的笑容会融化父母的心，让他们感受到幸福，光是看着宝宝喝奶就已经很幸福了。这一刻，痛苦全都消失无踪。

这个例子告诉我们两件事情。第一，用谈判筹码来谈判是我们的本能。第二，谈判筹码能为对方带来快乐或痛苦，以及为自己获得或失去快乐或痛苦的能力。

有很多方法可以把谈判筹码转换成商业利益。然而，并不是所有决策都和经济有关，因此我们找出以下更为广泛的定义：能够使对方负面影响加大，你的谈判筹码就多。负面影响的大小可用 3 个要素来决定，这 3 个要素决定了你的筹码，我们称之为筹码要素。

谈判筹码中的筹码要素

谈判筹码也称说走就走的能力。在僵局中，负面影响较小的那一方比较有权利说走就走。说走就走的那一方比较不会受负面影响，会比另一方有更多的谈判筹码，所以经常能让另一方让步。

我们先前定义过商业上的谈判筹码，甲方的谈判筹码和乙方所承受的负面影响有关，相对而言和交易失败对乙方带来的负面影响也有关，负面影响即损失的利润和增加的成本。评估商业上的负面影响时，我们经常要考虑以下 3 个筹码要素，包括：

1. 你是否有同等或更好的选项？

2. 在保证正常运营的情况下你是否可以找到其他方案？

3. 对方是否具备将我们取而代之的条件？

研究过去 30 多年来的谈判案例，当交易失败时，如果甲方比乙方有更多选择或更好的选择，则甲方比乙方有更多的谈判筹码。如果甲方换掉乙方的成本更低、速度更快，那么甲方就拥有更多的谈判筹码。还有，如果甲方可以跳过乙方跟另一个供应商或买家合作，甲方的谈判筹码也会多于乙方。例如乙方跟丙方购买产品，改良后再销售给甲方。那么就代表甲方可以跳过乙方直接跟丙方购买产品，并且自行改良。

以筹码要素来说，如果对方会因此受到比你更大的负面影响，那你就有比较多的谈判筹码。反之则是对方的谈判筹码较多。通常来说，企业的谈判筹码一定会比供应商或买家更多，必要的时候就能以低成本的方式换掉供应商或买家。当企业拥有较多的谈判筹码时，就能够让供应商或买家做出更多让步，以此来稳定增加收益。

因为谈判筹码可以决定企业的命运，许多企业在长期策略中都会试图增加整体谈判筹码，也会尝试找出有问题的供应商或买家，因为他们可能有更多的谈判筹码。在策略规划里，也要准备好替代现有供应商或买家的可行方案。有时候，这类计划要先跟替代供应商签约，以便更换供应商之后能够快速启动生产。

偶发、短期和长期的谈判筹码

谈判筹码会随着时间改变，并随着偶发事件上下起伏。因此，我们可以把拥有谈判筹码的时间长度分成偶发谈判筹码、短期谈判筹码与长期谈判筹码。

偶发谈判筹码指的是因为偶发事件而增加或减少的谈判筹码。当偶发事件过去，这个筹码便会消失。举例来说，在 1972 至 1974 年石油危机期间，天然气公司突然在与电力公司协商燃气涡轮机采购案时得到谈判筹码的利器。这个利器在石油危机过去之后很快便消失了。

短期谈判筹码指的是 5 年内的谈判筹码。商业上，任何超过 5 年的事情都很难预料。至于长期谈判筹码，指的是 5 年以上的谈判筹码，长达 10 年甚至 20 年。

为了在业界取得成功，许多企业尝试拟定长期策略，并投资新产品和服务，好将长期谈判筹码最大化。短期的话，他们会尽可能挖掘供应商和买家，以便将短期谈判筹码最大化。同时会尝试预测并管理可能的偶发事件，即可能降低他们获取谈判筹码的威胁。

要在长期交易的谈判桌上取得成功，如并购或收购另一家公司，我们发现关键因素是长期谈判筹码，而非短期谈判筹码。

偶发谈判筹码则会上下浮动。许多短视近利的厂商，可能会仰赖偶发谈判筹码来协商短期交易。这种协商经常在事成之后演变为互不信任、出尔反尔或摆烂的结果。

以下介绍几个利用偶发谈判筹码来协商的案例。

冰淇淋店利用同业休息趁机涨价

加州的一个海滨小镇有两家高级意式冰淇淋店，其中一家是连锁店，另一家是私人店，私人店由一位 55 岁的女士和她的儿子一起经营，一周七天都营业。连锁店因为重新装修，在炎热的夏季每个月都有两周不营业。私人店老板注意到在盛夏酷暑的某些时段，自家店的顾客会增加超过 200％。老板调查后认为自家门店在那个暑假多了偶发谈判筹码，因此决定在连锁冰淇淋店不营业的那两周将自家店内冰淇淋的价格调高 25％，对顾客说是假日的附加费用。第一个月，她因为假日附加费用赚了不少。接着，当地一家报纸揭露她因为多了偶发谈判筹码而调高费用的情况。这让当地许多人不满，人们决定抵制她的店。结果在调高价格一年后，这家私人冰淇淋店便关门大吉了。

软件工程师因为开发项目要求加薪

一位年轻的科技项目主管，本身也是软件工程师，被指派将一个重要软件系统导入一家高收益公司，尤其针对在线购物系统。完成项目后，该系统可以为这家公司带来很大的利润。该项目预算是200 万美元，预估时间为 6 个月。当项目进行到一半时，由于系统复杂，他成了项目中至关重要的人。他认识这个项目的每位成员，也懂得项目的每个部分，甚至核心运作系统里的一些程序也是他写的。所以他的偶发谈判筹码水涨船高，他决定跟公司谈判。他想要即刻加薪、配固定车位，以及职位升迁。因为他的偶发谈判筹码非常高，他的薪水增加了 70%，并且得到升迁机会，他非常开心。但是不到 3 个月，就在软件测试成功的那天，他得到的不是大笔丰厚奖金，而是辞退通知。

调酒师利用超级碗美式足球赛要求加薪

就在超级碗美式足球赛开打前的周末，纽约市一家知名运动酒吧的调酒师发现经常跟他合作的伙伴请了病假。在这个紧急情况下，酒吧只能临时招一位没有经验的替补调酒师。那位正式调酒师发现这是偶发谈判的大好机会，因为老板在超级碗周不能没有他，否则就会损失超级碗派对带来的上万美元收益。因此，他向老板提出3000 美元的高额奖金，以及 10% 的加薪。老板答应他加薪，并给了他一张 1500 美元的支票，以及口头承诺如果超级碗那个周末顺利的话，就把另外的 1500 美元给他。超级碗结束后，他去向老板要剩下的 1500 美元，结果不但没有拿到，还当场被炒鱿鱼，失去了工作。

跟魔鬼打交道

第二次世界大战期间，英国首相丘吉尔面临是否与希特勒谈判时说："不要跟魔鬼打交道。"

为什么不要跟魔鬼打交道呢？

在魔鬼眼中，谈判不过是将自己隐藏的计划不知不觉地向对方推介的工具而已。因为这样，谈判结果总是无法达成共识，还会让魔鬼得到更多好处。因此，和魔鬼谈判并不是真正的谈判。既然如此，何必跟魔鬼打交道呢？

关于这个问题，首先要问："谁是魔鬼？"

从许多谈判失败、其中一方被视为魔鬼的案例来看，我们发现魔鬼有 3 种特征，包括意图窃取科技或技术的假意谈判、意图突袭的假意谈判、意图摧毁对方的假意谈判。怎么才能知道对方是魔鬼呢？可以从以下 5 点进行观察：

1. 当谈判方在关于采购或核心技术的谈判中，问及核心技术的细节，而非核心技术带来的效果，他便是意图窃取的魔鬼。

2. 当谈判方出现侵略行为或傲慢、强势态度的征兆，他便是意图摧毁你的魔鬼，无论他摧毁你的理由是什么。

3. 当谈判方是竞争对手，而且从来没有和你交易过，那么任何协商都可能是魔鬼的交易。对方隐藏的意图不是窃取技术，便是击垮你。

4. 当谈判方有违反过去谈判条约的记录，这场谈判可能会是魔鬼想要推进隐藏计划的手段。

5. 当谈判方来自敌对阵营，而且发动攻击的概率很高，他便是魔鬼。他很可能用这场谈判来制造调虎离山的攻击机会。

在谈判时发现这些魔鬼行为，并不代表要完全终止所有谈判。可以采用以下谈判技巧来减轻损害，甚至在极罕见的情况下，能够把谈判拉回正轨。例如用缓兵之计，用短期合作的合约，逐步确认谈判方是否愿意遵守合约，共同往长期目标迈进；或是向谈判主导人提出变更谈判主导人的要求，确认魔鬼是主导人或其背后的公司；或是暂且搁置提案，直到对方表现出诚意；或是准备面对魔鬼带来的最糟情况。

典型的与魔鬼交易就是 1941 年美国与日本进行的和平谈判。美国珍珠港海军基地遭受攻击时，日本谈判团队还在美国华盛顿州。另一个与魔鬼交易的案例是 1934 年 1 月 26 日纳粹德国与波兰签订的《德波互不侵犯条约》。这项条约使波兰不得不纵容德国的恶行，直到 1939 年 9 月 1 日德国入侵波兰，最终造成约 600 万名波兰公民死亡。

避免议价错误的 3 个原则

避免议价错误有 3 个原则：避免过度自信、维持谈判筹码（筹码要素），以及保有信誉（公正、公平、合理原则）。另外，辨识谈判方的魔鬼行为或特征，也能一并避免与魔鬼打交道。

先发起谈判的企业，并不代表谈判之后会得到比较好的利益。

事实上，检视 3 家企业过去 25 年运营中的谈判后，我们发现发起谈判的一方最终获得较好收益的案例大约占 73%，另外 27% 率先发起谈判的案例，最终得到的是比谈判前更差的收益。

另外，根据一份随机抽样 100 人的研究调查，我们发现生活中主动发起谈判却失败的案例约有 41%，比企业界的 27% 更高。生活中出现更多议价错误的原因可能是因为过度自信的程度更高，也有一部分可能是与企业相比，生活中缺乏交叉确认的做法。

我们学到的是，谈判的高低起伏或破局，都取决于议价错误。我认识某些人正是因为几次主动发起谈判失利，导致他们过着悲惨的生活。

本章一开始提到的飞航管制员工会罢工就是议价错误的典型案例。

谈判的信誉（公正、公平、合理原则）

我们从过去好的谈判案例中了解到，当我们不知道谈判双方的谈判筹码多少时，最好的策略就是保持 3 项原则：公正（Correctness）、公平（Fairness）、合理（Reasonableness）。有时候我们把这 3 项原则简称为议价时的 CFR。公正代表不说谎、不剽窃、不违法；公平代表谈判过程中倾听对方的意见；合理代表要与例行做法、普世标准、法规或过去的成功案例一致。

检视过往成功的谈判案例后，我们发现好的谈判者会在谈判过程中采取几个做法来保持公正、公平、合理原则。

公正

● 不违反法律或法规

● 不打压、不勒索、不说谎、不剽窃科技、不耍两面手法

公平

● 用自己期望得到尊重的方式尊重对方

● 用自己期望被倾听的方式倾听对方

● 不歧视、不偏袒、公平正义

合理

● 不提出超乎常理、过去案例、法规、普世标准的过分要求

● 寻求双赢局面，对对方很重要而对自己不那么重要的条件就可以妥协

● 在合作试用期取得信任和舒坦的合作

强势议价有时候可能会越线，变成霸凌和勒索。霸凌是夸大的词，意思是交易若失败可能会给对方带来痛苦。勒索经常以黑函的形式出现，指的是和谈判主题无关，却会带来痛苦的言辞。举例来说，起诉人控诉大公司，声称如果没有拿到抚慰金就要向公众揭露公司其他罪行，如偷税漏税、跟另一家公司谈并购等。

不论霸凌还是勒索，都会导致谈判破裂。

冲突对应错误

本节讨论的冲突是指企业的内部冲突，或称为职场冲突。

根据零错误公司在 2018 年对 200 人进行的调查，其中包括职场冲突，我们发现所有调查参与者都经历过职场冲突。我们还发现，一名企业里的专业技术人员会花大概 15% 的时间处理企业内部冲突。大多数的冲突是由 4 个原因引起的，包括竞争、争夺功劳、地盘之争与权力斗争。

竞争是指两方以上的人争夺一个奖项，这个奖项可能是更高的职位、更多的奖金或更好的工作条件；争夺功劳是指两方以上的人争夺他们认为应得的荣誉；地盘之争是指两方以上的人争夺对更多业务的掌控权；权力斗争则是指两方以上的人争夺掌控其他人的权利，或是公司里更高的职位。

竞争通常会在下列公开或隐秘的话语中呈现：
"我需要上夜校来学习这项技能，这会让我变得比同事更好。"
"罗杰写程序的速度比我快，我需要加班才能跟他竞争。"

争夺功劳通常会在下列公开或隐秘的话语中呈现：
"我应该比乔得到更多奖金，他对这个计划的贡献比我少。"
"我比他更该升职，因为我是销售软件给客户的人。"

地盘之争通常会在以下两个经理人间公开或隐秘的话语中呈现：

"你只是在重复做我的工作，应该把工作换到我的部门。"

"你的大部分工作应该被取消，因为对这个流程增加的价值很少。"

"我的部门有更好的经验与专业能力去做指派给你们部门的工作，这份工作或你的下属应该转到我的部门。"

"权力斗争"通常会在下列公开或隐秘的话语中呈现：

"我应该成为你的老板，因为我更有经验（或我的知识更加渊博）。"

"你应该向我汇报，因为 CEO（或客户）比较喜欢我。"

"我会成为你的老板，因为我知道要如何得到大老板想要的东西。"

专业上的竞争是健康的，不应该被压抑。不过争夺功劳对促进团队精神来说并不健康，这是有破坏性的做法。为了尽可能使争夺功劳的情况降到最少，很多公司采取的策略是根据企业经理人对每个员工的贡献评估来分配功劳。对大型企业而言，很多公司采取360 度评估贡献的方法，每个员工要评估同侪的贡献水平。360 度评估可以是独立的功劳分配体系，也可以是除了企业经理人评估以外的体系。评估结果应该是以公平合理的方式得出的。公平合理意味着没有歧视，而且结果会被大多数人接受。

地盘之争可能是因为一些经理人追逐私利的心态引起的。但是，地盘之争往往是组织架构或工作流程无效率的表现。为了尽可能减少地盘之争，许多公司会聘请组织／流程改进团队来解决冲突。这个团队的责任是要评估冲突，并提出只对效能和生产力有益的公正解决方案。

权力斗争可能是因为一些经理人追逐私利的心态所引起的。然而，权力斗争常常是由于缺乏公开的评断标准。而且，权力斗争可能是由于缺乏团队合作的责任感所引起的。许多大公司设定晋升到更高级职务的公正机制，包括协助同侪达到更高目标的能力与表现。公正是指只出于公司利益而非个人利益（如 CEO 设定一个晋升机制来让自己的亲戚升职）来制定策略。

仰赖公正、公平和合理来让职场冲突达到最少的规则和政策，通常称为 CFR 规则。

图 11–2 以两个因素划出 4 种企业内部冲突的类型，一个是公司

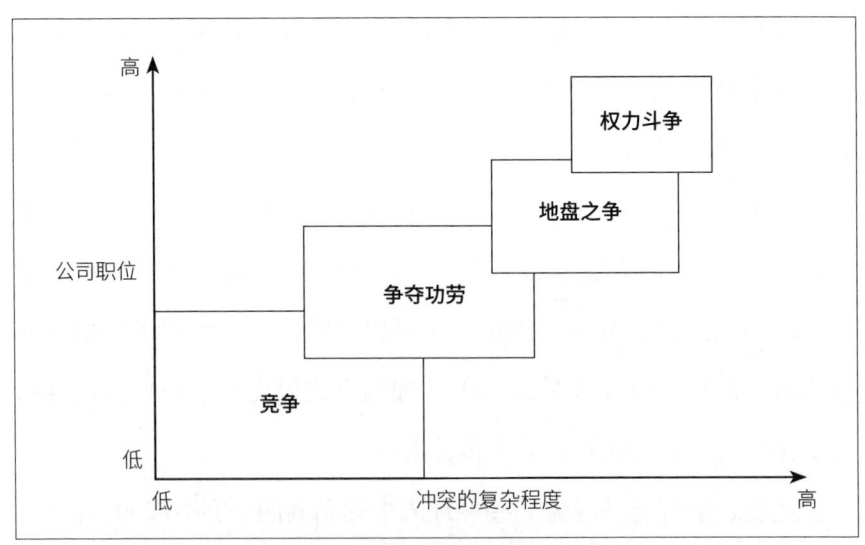

图 11-2　企业的 4 种内部冲突

职位，另一个是冲突的复杂程度。对于企业员工来说，以上 4 种类型冲突他都要面对。然而，他要面对的主要冲突类型取决于他所处的职位。当一个人职位较低时，如普通工程师或销售员，他要面对偏向竞争与争夺功劳的冲突。当他升任为经理或董事时，他要面对偏向地盘之争和权力斗争的冲突。当他升任初级副总时，他要面对偏向地盘之争和权力斗争的冲突。当他最终升任资深副总或CEO时，他要面对偏向权力斗争的冲突。在这 4 种类型的冲突中，按照权力游戏的变量条件来衡量，竞争是最简单的，权力斗争的复杂性最高。

根据我们对内部冲突的研究，有 4 种处理冲突的方法（见表11-3）。这 4 种方法是：回避、对抗、设立问责制（公正、公平、合理原则），以及改进忍耐力。这 4 种方法是从两个方面来看，包括消极与积极，以及破坏性与建设性。

回避是处理企业内部冲突消极而具有破坏性的方法，不过这是花费力气最少的做法。然而，回避并不能解决问题。在很多情况下，问题也不会消失，甚至可能会放大，成为员工离开岗位或公司的原因。此外，回避可能会降低需要高度合作工作的生产力。在某些罕见的情况下，回避可能是回应冲突的可行做法，但对维持关系而言，

表 11-3　职场冲突的 4 种回应方法

	破坏性	建设性
消极	回避	改进忍耐力
积极	对抗	设立问责制（公正、公平、合理规则）

可能不是必要，甚至会适得其反的做法。

对抗是面对面的冲突，有人会积极采取行动，包括公开警告、口头攻击、蓄意破坏、毁谤等，试图阻止其他人采取冲突行动。在很罕见的情况下，对抗可以停止冲突。不过在大多数情况下，对抗往往会使冲突升级，而且完全破坏人际关系。

设立问责制是阻止冲突的积极且有建设性的做法。通过要求负责任的经理人（老板）或冲突方设立与造成冲突原因相关的公正、公平、合理规则，如共享功劳、奖励、地盘划分，或是高级职务的任职标准等，做到阻止冲突的效果。

改进忍耐力是一种被动但有建设性的方法。冲突之下，这种方法要求人们不断提高自己的忍耐力。随着时间流逝，其他引发冲突的人会停止冲突，通常是因为逐渐失去战斗力，或是在其他地方找到更容易的战场。忍耐力的定义如下：

忍耐力 = 工作能力 – 不知道自己无知的心态

工作能力越强，而且不知道自己无知的心态越少，面对冲突的忍耐力就越强。拥有最强忍耐力的人最有可能在冲突结束时成为赢家，通常冲突时间不超过 3 年。不知道自己无知的心态是追逐私利、短视与盲目的心态。在发生冲突的情况下，不知道自己无知的心态往往会导致自我毁灭的行动，如将个人利益凌驾在公司利益之上，追求在当下得到功劳、在之后失去信誉等。拥有最少不知道自己无知心态的人将有助于在长期战争中赢得胜利。

在 2018 年的调查中，我们询问所有受试者回应职场冲突的主要方法，55％的受试者提到会回避，25％说会对抗，10％说会改进忍耐力，只有 3％会设定规则来回应冲突。

身为回应冲突的专家，面对冲突最好的态度始终是做出公正、公平和合理的事。公正是指以公正的方式公开做事，而不蓄意破坏、不毁谤，而且不口出恶言等。公平是指面对冲突方与不冲突方保持一致的行动。合理是指不做不合规范的事。拥有公正、公平、合理的态度，一个人在冲突期间将赢得其他人（包括引发冲突的当事人）的尊敬，而且会让老板更愿意听他讲述冲突的来龙去脉。

当部门经理试图将部门内的冲突降到最少时，最好的态度是永远保持开放，而且愿意倾听下属的抱怨。这样做的话，就可以发现冲突的潜在原因，建立适当的规则来让冲突降到最少。

这里提供 3 个例子，来说明如何通过改进忍耐力与设定规则来让冲突降到最少。

同事来抢功劳怎么办

大约 35 年前，我在一家大型电力制造公司担任工程设计经理，我部门的员工不得不搜集与处理很多与设计法规要求、客户规范、零配件性能限制、各种零配件设计原理不符等问题有关的信息。多年来，这是非常耗时与乏味的工作。这项工作的产出是一套信息系统，能够集中与整合所有零配件的设计更新与修订信息。这个系统很有用，而且我决定分享这个信息系统给很多以年费购买我们公司产品的客户。很快，这个系统成了一个热门系统，不仅为公司带来了可观的收入，还帮助销售了很多新的设计和升级系统。

有了这样热门的赚钱系统，职场冲突很快就来了。

有一天，我走进公司时，我的老板汉森博士（Dr. Hansen）招手要我去他的办公室。他说，CEO希望信息系统能带来更多营收，所以想设立信息系统经理这个新职位，负责统筹与客户沟通及信息系统未来的发展方向。事实上，我的部门已经在做资料搜集和软件开发的工作了。他提到罗斯先生有意愿做这份工作。我知道罗斯先生会抢别人的功劳，但是没兴趣认真工作。对我来说，很显然罗斯先生开始跟我抢地盘，试图加强他对公司业务的掌控权。当时，罗斯是管理特殊计划的经理，直接向我的老板汇报。

那时，我迅速评估我可以用什么方法来回应这个冲突。我不能使用回避或对抗的方法，因为那是我老板的直接命令。我不能要求老板制定规则，因为他就是规则。因此，唯一的方法是改进我对罗斯先生的忍耐力。

因此我同意老板的做法，接下来的几个月，罗斯先生开始与客户及公司的资深管理层人员互动，就好像他是这套系统的创立者、开发者，以及把系统销售给客户的人。同时，他自私自利、目光短浅，很多客户私底下告诉我他们不喜欢罗斯先生这种抢功劳和对系统不屑一顾的人。那时，我知道罗斯先生的忍耐力比我低很多。在这几个月中，我的部门新增信息系统的功能，让客户可以在系统里增加自己公司的特定零配件信息与相关数据。我们也开始将系统安装到客户的计算机上，而且帮助他们搜集数据并处理数据，这项扩展功能深受客户欢迎。客户开始提出新需求，希望派工程师到我的部门进行培训，来维护他们的系统。

罗斯先生对客户做出的良好反馈感到非常高兴。他认为他可以借助这个机会让自己一举成名，进而提高自己身为信息系统经理的地位。他没有维持与客户约定的费用，而是用邮件通知客户要改变收费结构，原因是系统增加了新功能。这会让公司的年费收益增加5倍以上。然而，罗斯先生发出的那封自私自利与短视的邮件回过头来反击了他。很多客户直接写信给CEO，声明罗斯先生的行为不仅对业务有害，还存在违法的可能。

一天早上，当我经过老板的办公室时，老板又招手叫我过去，说很多重要的客户对罗斯的做法很感兴趣，他们愿意支付更高的费用，来获取新系统的服务功能，CEO希望罗斯之后向我汇报，支持我进一步开发这个信息系统。几天之后，当罗斯来到我的办公室，想确定他在我的部门担任信息系统经理这件事时，我选择直接解雇了他。

与主管发生冲突怎么办

如果员工跟主管发生冲突怎么办？

因为员工无法避开主管，而且与主管对抗很不利，因此他只有两个选择。一个是增进忍耐力，另一个是设立规则。举个实际的例子，大约在4年前，我妻子的朋友莱蒂对我说她跟新主管发生了冲突。茱蒂是位非常有风度且美丽的女性，她曾是销售部门的顶尖业务小组长。

她说她的新主管林恩之前是竞争对手公司职位最高的女性经理人，大约 6 个月前来到茱蒂所在的公司。新主管非常有竞争力，而且希望年底将销售额提高两倍。她会逼迫其他人为她工作。她自己一天只工作几个小时，却要求下属一天工作 16 个小时。她认为好的销售业绩是员工长时间工作的结果。但她自己却花很多时间陪 CEO 和客户打高尔夫球。茱蒂认为她目光短浅，她的策略是短期增加销售额，但是迟早会让下属阵亡。

茱蒂跟新主管谈过，当她知道茱蒂不同意她的做法时，她非常生气。于是把茱蒂的绩效评估从 A$^+$ 降到 B$^+$，让茱蒂考虑离开公司。

我问茱蒂："如果你是经理人，你要如何增加销售额？"

茱蒂说："我会使用先进的沟通与追踪工具来与客户和销售人员联系。这个软件会让我们的销售人员即时向客户发送简报，并在居家办公时保持联系。这是比长时间工作更好的策略。"

我说："你可以从小规模开始做，允许你的下属一天工作 16 个小时，或是每天有条件地固定工作 8 小时，但是他们必须学习新软件。你认为林恩会允许你这样做吗？"

茱蒂回答："我想，如果我的销售额高于其他组，我会尝试。"

后来茱蒂采取一项措施，让她的下属晚上可以在家工作，只要他们仍然用先进的软件向国外客户发送简报与交流。3 个月后，她发现居家办公确实比之前得到了更多销售额。因此，她把结果汇报给林恩和她的老板，申请让销售人员可以居家办公，而且唯一的绩效评估标准是销售额，而不是工作时长。在同侪的压倒性支持下，茱蒂的建议得到采纳。这个建议符合公正、公平、合理原则。实施之后，销售额增加超过了50%。

茱蒂与林恩的冲突结束，最后两个人都是赢家。

与老板发生冲突怎么办

如果与大老板发生职场冲突会怎样？

2017年，我担任一家公司的创始人和CEO的顾问。多年来，这家公司的软件程序设计师和经理人流动频繁。公司CEO是我的好朋友，而且是跟我学习零错误技术的学员。

离职员工普遍的一项抱怨是职场冲突。为了解决员工离职的问题，我和同事深入评估问题的原因。在讨论如何解决这个问题的会议上，CEO急着想要知道评估的答案。

CEO问我："邱博士，我们公司有很多跟大公司类似的奖励与绩效评估系统，为什么那些大公司没有我的问题？"

我回答："我的同事进行深入分析，我们认为问题在你，而不是公司的奖励和绩效评估系统。你比较喜欢在组织里引发冲突。举例来说，根据我的观察，你的3个副总都是为了斗争而斗争。在你们的几次会议上，我都看到地盘之争和权力斗争。"我回答。

他反驳说："这有什么错吗？冲突会让权力达到平衡。冲突会揭开真相。我猜，邱博士，你也会发现他们都无法骗我。如果一个人骗我，另外两个人会在下一秒告诉我。"

CEO 继续说："权力平衡很重要，我的所有副总都没想过要取代我，因为他不会得到其他人的支持。没有我插手，他们中没有人能做出影响另外两个人的决定。"

突然间我意识到，根本问题是这位 CEO 追逐私利与短视的心态（不知道自己的无知）。职场冲突最终会毁掉公司。我认为他不知道自己无知的心态可能与他童年时期的一些不好的经历有关。

因此我说："我同意借助冲突来保持权力平衡，我也同意冲突会揭开真相。但是，冲突会在组织里浪费很多力气。你可以通过问责来完全掌控你的副总。他们不是独立的。借助一套问责制度，可以达到保持权力平衡和揭开真相的目的。"

"我在你的公司进行调查。你的员工认为，他们花 22% 的时间在处理不必要的职场冲突。他们希望公司 CEO 能够设立清晰的晋升标准、奖罚制度、权责分配制度，以及信息搜集、检验与分析的规定。你是唯一可以立刻将公司生产力提高 22% 的人。"

CEO 怀疑地说："真的可以提高 22%？"

我回答："不是 22%，比 22% 更多，大概是 31%。我做了一个生产力分析，考量冲突浪费的时间、重要员工的流失、新员工的招聘和培训，由于员工间缺乏信任而使业绩不升反降，你可以提高31% 的生产力。提高 31% 的生产力可以转换成获利增加 45%，每年为你带来 720 万美元的红利奖金。"

会议之后，CEO 和他的 3 个副总开始从高层到基层逐一制定公正、公平和合理的规则。实行这些规则两年后，测得的生产力实际上提高了 38%，大大超过我的估计。CEO 很高兴，因为他第一次得到超过 1000 万美元的奖金。

在 2018 年的调查中，有超过 90% 的专业人士表示他们不太会应对冲突，约 25% 的人说因为工作中的冲突换了工作。从经理人的角度来看，冲突可能会在管理团队内部产生，或是在他和其他经理人之间产生，也包括跟他的老板。从员工的角度来看，冲突可能在他和其他员工之间产生，以及在他和直属主管之间产生。

做艰难的决策是一门技术，而不是判断

艰难的决策是指从许多变量、似是而非的选项中做出选择。如果没有详细的技术分析，最终不会从选项中找出成功方法。

举例来说，许多国家对新冠肺炎疫情大流行做出迅速且彻底的反应，有些国家则没有，导致死亡人数更多，经济衰退更严重。有效控制新冠肺炎疫情，仰赖政府领导人与企业领导人所做出的艰难决策。这个决策并不是由他们的判断所决定的，大多是通过本章描述的技巧进行详细分析所得出的。举例来说，领导人要做出何时何地谁需要戴口罩的决定，也要做出企业暂停营业等艰难决定，还要做出何时推出怎样的经济刺激方案的决定。这些艰难的决策需要考虑很多因素，如维持经济稳定、干扰最少、降低个人压力等，而且还要考虑很多风险因素，如个人生活、医疗体系负担等。

身为一个优秀的决策者，他必须使用加权准则决策矩阵来做出

从未有过的艰难决定。此外，领导人必须知道他的决策树与许多即将出现的新事件或新条件的发生概率，例如疫苗获批上市的时间，以及经济受损的程度，以便制定最好的反应计划。根据我们培训零错误领导人的经验，我们建议，需要持续做出艰难决策的政府领导人与企业领导人应该熟悉本章提供的选择技巧。

挑选决策选项很像找另一半，影响往往是一辈子。

本章练习

* 用加权准则决策矩阵来重新评估过去某个决策的效果。

* 用谈判筹码来审视过去的某次谈判。

* 你的公司是采用结果绩效考核，还是行为绩效考核？哪一种
  比较好？

第十二章

风险管理错误

决定执行决策后仍有可能失败，因为决策中存在风险因素。
这些风险因素可分为 3 种：发展阻碍、单项弱点、叠加性弱点。

在美国企业中，通用电气公司可以说是一大指标。它不仅是道琼斯工业指数 12 只原始成分股之一，而且经营业务涉及电子工业、能源、运输工业、航空航天、医疗与金融服务业等。但是在 2008 年金融海啸期间，旗下的奇异资本面临大量亏损。亏损的原因在于公司误以为经济永远景气、房贷借款人永远能够负担得起抵押贷款，因此以次级抵押贷款放款给企业经营者和房地产买家。因为没有正确预期到风险的存在，通用电气公司元气大伤，尽管公司被迫在 2009 年切割奇异资本，回归核心制造业，但 2018 年还是被踢出道琼斯原始成分股，濒临破产。

这种无法将决策管理风险降至可接受范围所犯下的错误，称为风险管理错误。根据反向归纳、正向突破分析法的大数据分析，我们发现风险管理错误有 4 种成因：

1. 没有辨识出发展阻碍并加以控管。

2. 没有找出单项弱点并加以控管。

3. 没有找出叠加性弱点并加以控管。

4. 没有察觉出天灾人祸的高企业风险。

本章会深入说明发展阻碍、单项弱点、叠加性弱点，以及预防第一、第二、第三种成因的风险管理方法。我们也会用风险概率分析法来探讨预防第四种成因的方法。

风险是指发生概率乘以结果严重性。决策风险则是选择决策的风险。

根据优缺点选择好决策之后，除非能够确实执行并达到决策目标，否则就不算成功。事实上，决定执行决策后仍有可能失败，因为决策中存在风险因素。根据超过 1 万个没有认知到决策存在风险而失败的案例，研究发现风险因素可分为 3 种：发展阻碍、单项弱点、叠加性弱点。

如本书稍早的讨论，我们根据未来预期事件，用决策树的分支点来推展可能的路径。例如政府的新法规、对手的回应、不确定的结果等。决策树可以很好地记录可能的决策路径和对未来事件的应变方式。

多数决策者知道使用决策树来预见即将发生事件的方法，并且依此做出正确决策。决策树可以辨识出 3 种层面的风险。最低级的风险是显著阻碍，有时也称为发展阻碍，这种阻碍可能会使决策失效。

发展阻碍

在决策途径中，发展阻碍也可以定义为不正确的假设条件，或直接称为错误假设。假设指的是未经证实的主张。

举例来说，如果有个人决定下周日要跟家人到户外烤肉野餐，其中一个未知结果就是下周日的天气。下周日可能是雨天，也可能是晴天。所以在决策树里，有一个分支点是下周日的天气，这个分支点通往两条路径：下雨或晴天。如果下雨，决策路径就会通向应变计划，可能在家做比萨、去烧烤餐厅用餐等。如果是晴天，决策路径是照计划烤肉野餐。这是一个没有发展阻碍的例子。

进一步思考，下周日不下雨时，自家后院可以当作户外烤肉的地点。然而，可能有没考虑到的未来事件使得假设不成立，例如摆好桌子、架好烤肉架后才发现，太太已经答应跟邻居家的孩子一起在后院玩。太太的计划不会改变，因此后院可以使用是错误假设，而早已约好的玩乐活动便是下周日户外烤肉的发展阻碍。

许多州政府拒绝让总统全权决定重启经济就是决策受到发展阻碍的案例。2020 年 4 月 13 日，美国总统特朗普宣布自己有权重启国门。许多法学者认为总统并没有下令全国重启经济的权力，此做法违反宪法。特朗普宣布自己可全权决定并指派重启小组后，多数州政府拒绝配合。4 天后，特朗普改变说法："我想让州政府们做决定，不要逼他们。"

商场上精明的决策者知道怎么用沙盘推演和决策树做最高级的风险评估，也就是辨识未来事件的发展阻碍。因为没有考虑发展阻碍而导致决策失效是很少见的情况。

单项弱点与叠加性弱点

第二层风险评估是找出单项弱点，并积极处理来降低风险，如预防措施、防护机制、减缓影响等。

单项弱点是决策后发生的某种情况，表示如果有意料之外的错误发生，或是与预期状况有所出入，就会导致无可挽救的失败结果。只要一个错误或偏差就会导致决策失效的情况就称为单项弱点。

就单项弱点的定义来看，我们需要特别注意几个重点：一、单项弱点并非错误，而是一种可能出错的情况；二、单项弱点指的是只要有一个错误或偏差就可能造成无可挽救的结果；三、与预期假设有出入。

这里用一个例子来说明。2011 年，一位资深电力公司抄表员在香港一栋大楼抄电表时，不小心开错门，从 60 多米高的电梯维修门跌落致死。尽管门上有清晰的维修警告标识，但由于电梯维修门和电表门的设计几乎一模一样，这位抄表员没有注意到，结果一脚踏空，发生了意外。这起事件的单一错误就是误将维修门当作电表门，单项弱点出在两扇几乎一样的门设在同一个区域。

叠加性弱点是单项弱点的延伸概念。叠加性弱点也可以说是决策产生多项与预期不符的错误或偏差，进而导致决策失效。基本上，叠加性弱点是与预期不相符的两项错误、两项偏差，或一项错误加上一项偏差所形成的。任何需要三项或三项以上错误或偏差才会引发事故的叠加性弱点都无须列入考虑，因为发生的概率极低。

近几年有个与叠加性弱点相关的失策案例。2017 年 12 月 1 日，一位工人被派去换设备室的灯泡。他按照要求打开灯泡供电系统的断电器，关闭供电。接着爬上梯子换灯泡，但他没有遵守安全规范，没有系紧安全帽的带子。结果因为断电系统出错，导致灯泡插座还在供电。这位工人并不知情，触碰插座后被吓了一跳，失去重心从梯子上跌落下来，头部撞到地上，因头部重伤，3 个小时后不治身亡。这起事件因为一个错误而起，即没有戴好安全帽，以及发生假设情况以外的偏差，在不该出错的地方出错。

我们发现企业 90% 的决策风险和单项弱点有关，7% 和叠加性弱点有关，3% 和发展阻碍有关。

和我们的直觉相反的是，决策选项中，单项弱点导致失败的概率远大于发展阻碍。我们的直觉是，发展阻碍会比单项弱点更常遇到，因为单项弱点是特殊情况再加上单一错误或偏差。然而因为多数决策者知道怎么事前预防发展阻碍，所以发展阻碍导致决策失效的情况反而比较少见。

比起单项弱点，叠加性弱点造成失败的概率低很多。这是因为叠加性弱点需要多项错误或偏差才会导致决策失效，而单项弱点只需要一个错误或偏差就足以全盘皆败。

风险的可信度

决策选项中，并不需要将所有发展阻碍、单项弱点、叠加性弱点都纳入风险考量，因为这些因素太多了。我们只需要考虑有可信度的风险。

可信度指的是合理可信的概率。可信的单项弱点指的是在类似情况中曾发生，并有一定的风险概率，无可挽救的弱点。

图 12-1 是决策沙盘推演图。可以看到决策路径包含许多事件，例如筛选供应商。做出决策后，第一个事件，即事件一，是发送招标文件给待选供应商。事件二是准备采购规范，包含所有法规条件给供应商。事件三是协商合约内容及条件，如价格和交货时间。分

支点则是协商的结果，可能协商成功或失败（如陷入僵局）。以这个例子来说，假设协商成功，决策路径会继续下去。事件四是双方审查同意后，最终签订合约。事件五是交货和保留仓库库存。事件六是核对收据确认供货。事件六完成后，代表决策执行成功。

这个案例中，只要一个错误就能导致决策全盘失败的步骤是采购准备，即事件二。假设条件是准备的采购规范很完美，这个假设条件无须确认，必然为真。只要有一个错误，所有采购的供应品就会不合格，因此事件二是单项弱点。导致事件二出现遗漏错误的原因可能是知识不足。

只要有一项偏差就会让决策失效的另一个步骤是事件五：仓库库存。假设仓库环境是安全的，不会有生物危害、过热导致降解、受潮等问题，而且包装符合仓储要求。这个假设条件无须确认，必

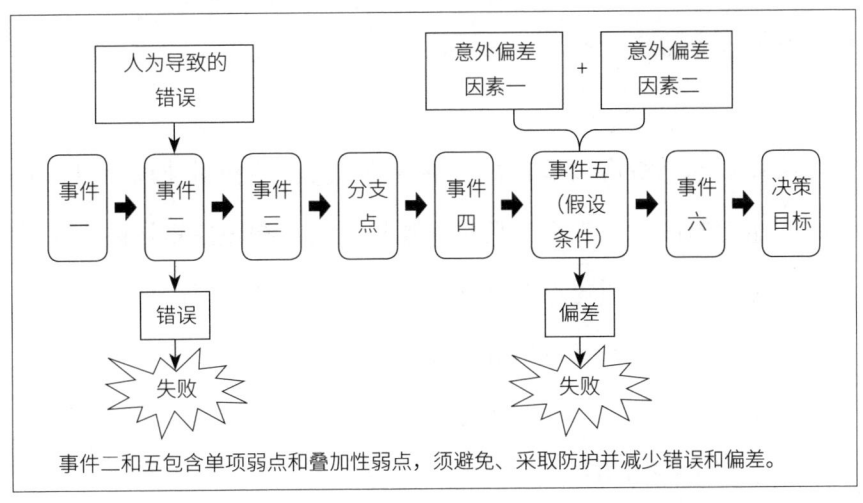

事件二和五包含单项弱点和叠加性弱点，须避免、采取防护并减少错误和偏差。

图 12-1　决策沙盘推演：单项弱点和叠加性弱点

然为真。然而，如果两项因素同时发生，便会偏离原先假设。一个可信因素是仓库在 3 年内曾因暴雨淹水，另一个可信因素是仓库人员的包装不良。因为两个因素同时发生才会导致决策失效，所以事件五属于叠加性弱点。

单项弱点和叠加性弱点都需要加以管理，以减少风险。常见的风险管理包括预防方法、建立防护层，以及减少风险因子的影响。

避免事件二的单项弱点可能要做到以下几点：聘请专家拟定技术规范，聘请另一位专家检查技术规范，找出并删除货料不够好且有缺陷的产品。

避免事件五的叠加性弱点可能要做到以下几点：水封供货，在仓库周围建置防洪护堤或排水设备，在库存货品受潮以前将供货用完。

决策风险概率分析

风险概率分析可以量化重要决策的风险，检视量化风险可以看出是否能承担该风险带来的后果。如果无法承担该决策风险带来的后果，便要启动单项弱点及叠加性弱点管理办法，以降低风险和重新计算决策风险。风险概率分析需要来回进行多次，要在单项弱点及叠加性弱点管理办法的执行成本和降低风险的益处之间找到平衡，反复计算出可承担的风险。

我们用前一个决策案例的进展来说明如何用风险概率分析量化

决策风险。这个例子很简单，却是一个很好的真实案例，教我们用风险概率分析量化决策风险。

图 12-2 的错误树图是风险概率分析的第一个步骤。错误树图能够把所有单项弱点和叠加性弱点的相关事故连接起来。导致每项单项弱点和叠加性弱点失败的因素可能是一个条件或一个错误，也都标示在错误树图上。

如图 12-2 所见，供应采购里有一项单项弱点和一项叠加性弱点。图中的符号是"或""及"和"事件"，在下方标示方形或圆形。"或"和"及"所连接的事件统称为割集。

单项弱点和事件二有关，即采购规范的准备。在这个事件中，出现一个错误，遗漏某些重要需求，导致采购规范不正确。常见的遗漏率是 20%，这个错误导致的结果是损失所有采购来的货品。

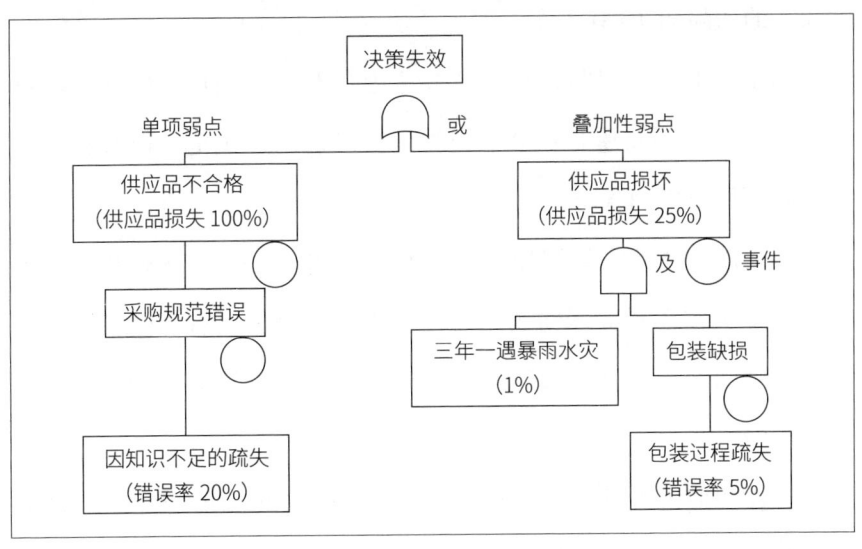

图 12-2　决策选项的错误树范例

在叠加性弱点的路径中有两个因素：一个是 3 年内曾有淹水记录，另一个是仓库人员避免货品受潮所犯的包装错误，这种错误发生的概率是 5%。遇到 3 年内发生水灾的概率是 1%。淹水和包装疏忽总共会造成采购货品 25% 的亏损。

在风险概率分析的第二个步骤中，可算出单项弱点和叠加性弱点的发生概率。以上述例子，单项弱点的发生概率是 20%，叠加性弱点的发生概率是 0.05%。注意叠加性弱点的发生概率比单项弱点低很多，因为需要两个因素同时发生才会导致失败，而单项弱点只要一个因素就会导致失败。

风险概率分析的第三个步骤是计算决策整体风险。风险指的是事件发生概率和结果严重性的产物。假设货品价值为 1000 万美元，决策的整体风险可能会达到 200.1 万美元。这个风险是单项弱点风险和叠加性弱点风险的总和。单项弱点的风险是 200 万美元，叠加性弱点的风险为 1000 美元。

为了降低决策风险，决策者会考虑针对单项弱点和叠加性弱点加入防护层，例如建立专家审查委员会确认采购规范，以及在包装完成后进行质量确认。

加入防护层后，错误树图可以修正成图 12-3。与采购规范有关的独立审查错误和遗漏错误用 "及" 相连，表示只有当两者同时存在时，闸门才会打开。包装过程的质量确认错误和遗漏错误也是用 "及" 相连。

现在我们可以重新计算原始图表的单项弱点和叠加性弱点风险。原本单项弱点的风险已经降低至十分之一，发生概率只有 10%。原

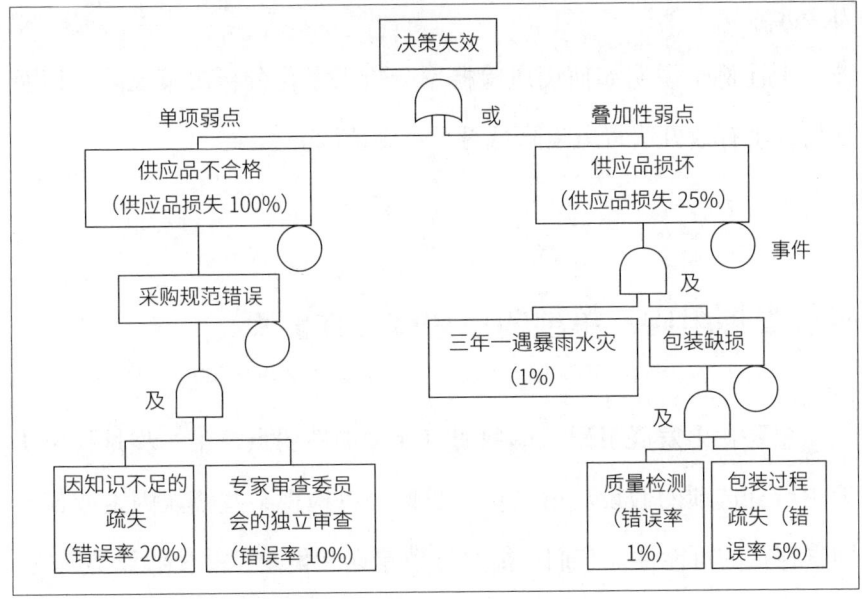

图 12-3　加入防护层的错误树

本叠加性弱点的风险已降低至百分之一，因为质量确认错误的发生概率仅有 1%。有防护层的整体决策风险经过重新计算后为 20.01 万美元（单项弱点的风险是 20 万美元，叠加性弱点是 100 美元）。

如果决策者认为 20.01 万美元的风险还是很高，可以采用小规模测试来验证采购规范正确无误。也就是说，订单可以小一点，汇总整理书面规范后再进行测试。

如果小规模测试成功，就可以下完整订单。有了小规模测试，没有发现规范错误的失败概率就会比独立审查的概率低很多。一般小规模测试的错误概率为 1%。

用小规模测试来计算决策风险的话，风险更低了，仅有 2.001

万美元。

上述例子说明如何用风险概率分析来量化分析决策风险，以及如何找出有效方法将风险降低至可承受范围。

控管发展阻碍、单项弱点和叠加性弱点

想要找出发展阻碍、单项弱点和叠加性弱点，第一步是找出决策中所有选项的假设。第二步，我们可以检视某些错误因素或偏差因素存在的可能性，它们可能会导致错误和偏差，并使假设不成立。如果这些因素都有可能会存在，并且会引发错误或偏差，进而造成单项弱点事故或叠加性弱点事故，便是可信因素。

因此，可能导致失败的单项弱点和叠加性弱点，便是可信的单项弱点和叠加性弱点。执行方案的效能管理需要针对这些可信的单项弱点和叠加性弱点加以控管，才不会造成无可挽救的后果。

决策中的高风险假设有哪些？

为了回答这个问题，我们检视超过 1 万个决策失效案例和 100 起灾难事件，发现决策失效来自许多隐含发展阻碍、单项弱点和叠加性弱点的高风险假设。这些高风险假设可以分为 5 种，分别是技术分析与预测（Technical analysis and prediction）、环境（Environment）、人为行动（Action by people）、反应与回应（Reaction and response）、供应（Supply）。我们常把这 5 种高风险假设称为眼泪（TEARS）假设。意思是说，如果没有适当控管，必然

会让决策者欲哭无泪。

在 5 种假设中，技术分析与预测指的是从技术层面预测分析，无须任何证实或确认的事实；环境预测指的是假设的环境条件，包括自然气候、社会环境、商业环境、法规环境，都是无须任何证实或确认的事实；人为行动假设指的是预设的人为行动，例如完成工作、遵守指示、遵守规定、做决策、提出见解等，都是无须任何证实或确认会发生的事实。反应与回应假设指的是假设受影响方对于决策或事件的应对策略和回应，无须任何证实或确认会发生的事实，假设的应对策略和回应的范围很广，包括接受度、意愿程度、冲突程度、容忍程度等。供应假设指的是对于供应货品的条件假设，如种类、数量、质量、周期、供货保障力等，都在执行过程中提出来，无须任何证据或担保。

2006 年，在 iPhone 和安卓系统的手机问世以前，加拿大 RIM 公司推出的黑莓手机是手机市场的先锋。黑莓手机坚持使用塑胶按键输入，而非采用触摸屏，导致许多忠实消费者变心，2012 年流失了 95% 的顾客。2014 年，为了挽救危机，RIM 公司推出所谓的复活产品"黑莓护照"，同时具有塑胶按键和触控屏，但再次被消费者抛弃。错误假设在于，认为忠实消费者对于他们坚持使用塑胶按键是有好感的。这个错误假设并没有在"黑莓护照"研发前进行验证。

我们的潜意识随时都在做假设，有些是低风险，有些则是高风险。在我的人生中，我看过很多发生概率低却有严重后果的事情，例如用尖锐物品跟别人开玩笑、从楼梯扶手上滑下来、边过马路边看手机、没有做好安全措施就爬上很高的楼梯等。这些单项弱点导致我认识的孩子或工人受很严重的伤。

在零错误公司，我们会用 5 个步骤来找出决策中的发展阻碍、单项弱点和叠加性弱点，并加以控管。

第一个步骤是找到决策选项中 5 种类型的假设，这些假设都是未经证实或确认的；第二个步骤是用审查、验证、核实来确认假设是否正确，如果这些假设不成立，那它们就是发展阻碍；第三个步骤是根据零错误公司的人为错误数据找出哪些可信因素会使假设不成立，并导致重大事故；第四个步骤是找出会因为一个错误或偏差导致假设不成立的单项弱点，那些因为两个错误或两项偏差导致假设不成立的则是叠加性弱点；第五个步骤是进行适当的管理，避免或减少单项弱点和叠加性弱点带来的风险。

企业风险的 3 个等级

企业风险有 3 个等级，最低层级是存在每个决策选项中的决策风险，如本章之前深入讨论的内容。中等层级是策略风险，也就是商业竞争策略中所包含的风险。最高层级的风险是灾难风险，指的是因不定期发生的意外灾难，并且有相当大的负面影响，如地震、水灾、泥石流、飓风、疫情等。

资深主管或 CEO 在为整个公司制定商业决策时，若要做出零错误决策，就要意识到这 3 种层级的企业风险。除了决策风险，CEO 也要经常在做决策时问自己以下问题：

● 我的决策对策略风险有影响吗？

● 现在我的策略风险是什么？

● 如果策略风险太高，要如何把风险降到最低？

● 我的决策对灾难风险有影响吗？

● 现在公司的灾难风险是什么？

● 如果灾难风险太高，要如何把风险降到最低？

中等层级的策略风险包含 5 种因素：失去对供应商的谈判筹码、失去对买家的谈判筹码、失去替代科技的竞争力、失去与低成本对手竞争的能力、失去现有竞争优势。这些因素都包含在哈佛商学院教授迈克尔·波特的 5 种竞争力里。

分析这一层风险时需要思考以下问题：

● 竞争者是谁？有多少人？

● 我们有什么竞争优势吗？

● 这个产业在成长还是在走下坡路？

● 对供应商的谈判筹码有哪些？

● 对买家的谈判筹码有哪些？

● 有现成或潜在的替代品吗？

● 有现成或潜在的低成本竞争者进入市场吗？

● 法规的变动会带来风险吗？

在策略风险管理上，美国知名连锁企业沃尔玛是一个经典的案例。沃尔玛通过信息科技打造的供应链追踪系统、CPFR 协同补给计划和预测，有效控管策略风险，逐项跟踪销售、研发和补给状态。CPFR 协同补给计划和预测的特色在于，系统开放分享给供应商，供应商能够通过更好的生产研发来降低成本。除此之外，沃尔玛进货量大，要求的是高质量与低价格。因此面对供应商和消费者都有更多的谈判筹码。

最高层级的灾难风险包括偶发且有严重后果的事件，如大规模污染、地震、火灾、水灾、风暴、疫情、管理上的种族歧视、示威游行等。每种灾难风险都包含 3 种考量因素，即发生概率、预防措施的效用、应变措施的效用。企业领导人要时时练习，定期提醒自己下列问题：

● 我的公司会遇到的最糟的情况是什么？

● 即便是小规模，类似的事件之前发生过吗？

● 对于这些最糟的情况，我的预防和应变计划是什么？

第一个问题的答案是定义企业的设计基准事故。第二个问题的答案如果是"有"，便能确定这些设计基准事故是确实可信的。第三个问题的答案则是当设计基准事故发生时，可以马上执行的紧急预备方案。找出设计基准事故并不只是 CEO 或风险管理部门的工作，也是每个组织部门的工作。除了为整个公司找出设计基准事故，每个部门主管也要找出自己部门的设计基准事故。

下面举两个案例，分别说明部门层级与公司层级没有辨识出并加以预防的设计基准事故。

第一个案例发生在 2011 年，圣奥诺弗雷核电站在换掉老旧的蒸汽发生器后，发现管道的高度振动造成许多管道受损，导致新的蒸汽发生器无法使用。重新订购新的蒸汽发生器要等 6 到 8 年，而核电站必须依靠蒸汽发生器从炉心传送热能推动涡轮，因此两座核电站必须提前退役，造成 44 亿美元的损失。

后来的根本原因调查发现，供应商三菱重工在设计时犯下一个计算错误，低估了振动级数。若核电站资深管理部门将这个事件作为设计基准事故看待，就会再次确认三菱重工的设计算式，从而避免这个设计基准事故发生。

第二个案例发生在 2019 年 1 月，加州最大的电力公司太平洋瓦电公司宣告破产。主因是致命火灾造成约 70 亿美元的亏损，该起火灾造成近百人死亡及 2 万个家庭流离失所。这场火灾是由于电线附近的灌木丛过高未修剪，与通电的电线接触后产生火花引起的。太平洋瓦电公司在法庭上承认犯下 84 条人命的谋杀罪名。这场火灾极具破坏性，横扫整个加州天堂镇。许多风险专家指出，太平洋瓦电公司应该知道电线和树木接触会引发火灾，早在多年前就应该将此作为设计基准事故，采取适当的预防措施，以预防这种灾难。

中等层级和最高层级的风险可以用风险概率分析进行评估。

举例来说，在最近的一场工厂火灾中，首先，我们找出所有可能因火灾受损并需要大规模修复的重要设备。其次，根据设备的设计、现有的火灾负荷，以及现有的火灾预防措施，如自动灭火器、防火门、火警巡逻等，估算多严重的火势及范围才可能造成这样的亏损。我们用历史数据计算出各种情况下的失火概率，例如某段时间内的多余设备，也评估修复时间。这样一来，就能计算出事件的后果，也就是生产成本及修复成本的损失。最后则是计算发生严重火灾和生产损失的概率。

面对飞速变化的世界，企业与个人的风险管理也更加重要，找

出企业与个人的发展阻碍、单项弱点与叠加性弱点，并采取适当的
应对方法，将会避开许多致命错误。

做任何决策如果不考虑风险，就如同不清楚功能是否出现了问题，还要把车开上高速公路，结局难料。

本章练习

* 什么是发展阻碍、单项弱点和叠加性弱点？

* 能不能试着从最近做的决策中，找出单项弱点？

* 针对这个单项弱点，要如何应对才能预防、防止及降低风险？

第十三章

质量检查错误

自我检查决策质量与无决策错误，可以在决策全面执行前找到缺失，及早调整。

选定决策选项后，决策可能会因为两项错误而无法成功，那就是质量检查错误和后续管理错误。这一章先谈质量检查错误，下一章再谈后续管理错误。

质量检查错误很常见。如 2018 年台湾南山人寿启动"境界成就计划"。这套企业资源规划系统上线时并没有进行小规模测试，结果仓促上线引发被保险人权益受损，不但因此赔了上百亿元，也遭到台湾地区金融监管机构处罚。同样的状况也发生在 2020 年台湾富邦银行的核心系统升级，陆续传出网银网络异常、客户用 APP 转账失败却被扣款等问题，这些都是质量检查错误导致的例子。

根据反向归纳、正向突破分析法的大数据分析，我们发现质量检查错误最常见的原因包括：

1. 没有合格审查员进行独立审查。

2. 没有随时自我检查。

3. 没有小规模测试。

独立审查错误

每个重要决策都需要独立审查，才能从不同观点辨识出决策错误。

这项审查可以由一个人执行，也可以是一群人或一个委员会执行。逐项审查决策过程的每个部分，而且每个分项都交由该领域的专家审查。举例来说，信息搜集、确认、分析可以由信息专家审查，选项形成可以交由对产业知识有深入了解的人来审查，选项选择则交由风险分析或概率分析专家审查。

决策审查员需要具备找出决策错误的技能，而不是做决策的技能。审查员应受过训练，知道如何找出决策思维流程中要做做错的

表 13-1　决策质量审查表

	是否失效	分数
1. 决策者是否合格、是否受过训练，并且能为决策负责？	是／否	10
2. 做决策之前，是否已经定好长期目标和策略？	是／否	4
3. 决策启动时机是否合适？	是／否	2
4. 所有领域的必要信息是否已经搜集齐全？	是／否	4
5. 是否搜集相关信息？	是／否	3
6. 信息是否经过审查、验证、核实？	是／否	8
7. 信息是否经过 FACT 分析？	是／否	7
8. 是否找出所有可能发生的新事件，包含新出现的威胁？	是／否	3
9. 所有可行选项是否通过头脑风暴、决策树或创新思维？	是／否	3
10. 必要时是否有合适的预测方法？	是／否	4
11. 是否通过加权准则决策矩阵、概率分析或互动赛局策略选出最佳选项？	是／否	5
12. 是否已知发展阻碍、单项弱点、叠加性弱点？	是／否	8
13. 是否针对单项弱点和叠加性弱点加以控管？	是／否	7
14. 是否通过决策风险分析确认风险在可承受的范围之内？	是／否	6
15. 必要时，是否通过小规模测试验证决策？	是／否	2
16. 是否有执行计划？	是／否	7
17. 是否有停损计划？	是／否	2
18. 必要时，是否可控管和调整执行计划？	是／否	2
19. 决策制定后是否有新的单项弱点和叠加性弱点需要识别并加以控管？	是／否	5
20. 决策是否可根据反馈和新信息适当调整？	是／否	9
决策审查失效率	概率 = (1+2+3+… +20) %	

错误和遗漏错误。要做做错的错误是决策过程中因错误行动造成的错误,如策略错误和目标错误、错失好时机、第一型信息错误(误将假信息当真)和第二型信息错误(把真信息当成假信息)、没有找出所有选项、做出劣势的选择等。遗漏错误则和决策中遗漏必要行动有关,如在做决策前没有制定长期目标、策略和短期目标、没有注意SWOT情况、没有启动决策、没有逐步选出最好选项、没有质量检查、后续没有管理执行内容等。

为了预防决策思维流程中的遗漏错误和要做做错的错误,我们制作了一张决策质量审查表(如表13-1所示)让审查者使用。

为了协助独立审查员进行完整的审查,我们列出20个问题,针对决策进行审查,无决策则不在考虑范围。根据过去决策失效的数据,如果这些问题的回答皆为"是",那么该决策的失效率接近0。如果这20个问题的回答皆为"否",那么该决策的失效率接近100%。

请注意独立审查的时间点,第18, 19, 20个问题指的是尚未执行的行动。审查这3个问题的目的是确保决策者在执行任务时依据这3个问题提出适当的规划。

使用多变量分析法来分析过去决策失效数据,可以归纳出每个问题的失效分数,这些失效分数都和决策错误相关。在这20个问题的答案中若出现"否",便要将该问题相关的失效分数加入表中最下方的决策审查失效率。根据最后的得分来评估决策质量。

通过决策审查失效的量化分析可看出决策是好是坏,失效率越低,决策的质量越高。根据过去的经验,我们建议由企业领导人或资深主管负责重要的商业决策，决策审查失效率最好不要超过10%，一般决策应该要小于30%。独立审查员应该否决掉失效率大于30%的决策，并提出改善建议。

自我检查决策质量

筛选好选项后，应该用3个问题来做自我检视或独立检查，以确保决策质量。这3个问题也称为"3S质量检查"：

1. 做过沙盘推演了吗？

2. 受影响的相关人是否支持？

3. 是否控管单项弱点？

第一个问题用来确认决策选项是否可以达成沙盘推演。有时候，决策可能连短期目标都无法达成。因此，我们需要做的是持续询问"然后呢""缺点是什么"？

下面举一个真实案例。

有个学员来问我问题。他想从全职工程师转为接案工程师，希望赚更多钱来买房子。他的朋友转为接案之后，赚了更多的钱。我问了一系列的问题让他了解他的决定可能无法达成短期目标。

"假设你辞掉了工作，接下来会怎样？"我问。

"人力公司会帮我找临时工作。"他说。

"很好，然后呢？"我问。

"我的时薪会多50%。"他说。

"缺点是什么？"我问。

"没有年假和日常假期、领不到公司的退休金、没有免费的进修课程。"他说。

"然后呢？"我问。

"我会跟不同的公司签订项目合约。"他说。

"那这有什么缺点？"我问。

"我可能要跑好几个地方。如果他们可以自己完成工作的话，我可能会没工作。"他说。

"很好，然后呢？"我问。

"我会多50%的收入。"他说。

"然后呢？"我问。

"我会贷款买房子。"他说。

"那这有什么缺点？"我问。

"我可能没办法贷到想要的利率，因为工作类型从全职变成了兼职。"他说。

这时，我替他做个总结。从全职工程师变成接案工程师的得失相抵，不过他可能会没办法贷款买房子。他朋友住的是公寓，而且没有计划买房子，所以他朋友能得到自己要的东西，也就是金钱。但他如果用同样的做法，可能无法达成短期目标。

第二个问题则牵涉受影响方的支持与否。好的决策是能够成功执行的决策。若决策者、执行人、受到影响的人三方都是赢家，那么这个决策就是三赢决策。执行需要所有相关单位的支持，许多决策发布之后没有有效执行，就是因为缺乏支持，协助执行的人和受决策影响的人不予以支持。

第三个问题和单项弱点的管理有关。如果决策者已知单项弱点，并且有控管计划，决策错误的风险不会太高。多数意料之外的决策错误是因为决策者不知道该决策的单项弱点。

自我检查无决策错误

在一堂零错误培训课上，当我强调避免无决策错误的重要性后，有个学员问我："如果我犯了无决策错误，自己如何才能检查出来？如果我没有做决定，怎么知道错过了做决定的时机？"

确实，如果你是个犹豫不决的人，很难自我检查出是否犯下无决策错误。不过有个简单的方法可以检查，那就是找出自己被迫启动决策和主动启动决策的比例。被迫启动决策意味着有他人的要求、流程的要求，或是不可避免需要注意的条件等。我们称这个比例为无决策比例。无决策比例越低，表现越好。统计发现，知名企业的领导人，包括埃隆·马斯克、史蒂夫·乔布斯、比尔·盖茨等，他们的无决策比例是 0.5，也就是说，每被迫启动决策一次，就有两次主动启动决策。而一般人与一般企业的领导人的平均无决策比例是1.3。犹豫不决的人无决策比例则超过 5。当然，这个数值会根据你所在的行业有所变化。

在竞争激烈的行业，无决策比例的数值肯定较低，这时要怎么判断自己有没有犯下无决策错误呢？这时可以用 3 个问题来判断：

1. 设定的信息搜集系统是否有意识到优势、劣势、机会与威胁?

2. 对于确定的优势、劣势、机会与威胁是否有分析其重要性?

3. 有对优势、劣势、机会与威胁启动行动吗?

我们把这 3 个问题称为"3I 自我检查"。如果有一个问题的答案是"否",那就表示有犯下无决策错误。

小规模测试错误

当决策里有新策略、新观念、新发明时,最好先做小规模测试。小规模代表决策不会一次交给所有人执行。无论把决策分成几个执行阶段,或是把受影响的人分成小组进行测试,都属于小规模测试。通过小规模测试,可以控管决策带来的影响,也能在遇到一些意外缺陷时将决策方向及时调整过来。

许多决策因为全面执行而失败。因为如果决策中有缺陷,会非常难收回决策并进行调整。福斯梅尔制药公司就因为没有小规模测试导致决策失效,公司在 20 世纪 90 年代是美国第五大药品批发商,营收达 50 亿美元。

在竞争激烈的时期,福斯梅尔决定套用 SAP 信息系统取得订单、供应商、库存的实时信息,以便将错误和浪费降到最低。这个项目经费超出原本预算的 300%。公司全面套用新的信息系统后,每个执行阶段都出现了错误,导致更多浪费和多次运营中断。因为无法恢复旧系统，而且亏损越来越多，福斯梅尔公司于 1996 年申请破产。如果这个 SAP 信息系统在全面执行前先在其中一间货仓进行小规模测试，就可以避免这样的事故。

没有对决策质量进行把关，就如同飞机没有通过品管检测就起飞，坠机的概率非常高。

本章练习

* 你可以从最近需要做的决策中，应用"3S 质量检查"或"3I 自我检查"吗？

* 能够针对过去某项决策做独立审查吗？

* 上述审查结果让你学到了什么？

第十四章

后续管理错误

掌握影响执行决策的要素以及更新、调整和停损退场，可以将后续管理错误率降到最低。

　　有一定年纪的人可能还记得使用胶片相机的时光，在二十世纪七八十年代，柯达是胶片相机的主要供应商，在热门观光景点都能看到柯达胶片在售卖。不过到了 80 年代，数码相机的市场占有率逐渐提升。虽然柯达最先发明了数码相机，但公司管理层却拒绝调整先前的策略，不愿意大力投入数码相机市场。结果到了 2000 年，数码相机市场开始超越胶片相机市场。柯达胶片业务衰退，到了这时，公司管理层仍不愿意同步发展数码相机业务。2012 年，柯达正式宣布破产。

　　回过头来看这家胶片大厂的没落故事，可以发现柯达犯的是后续管理错误。如果当时柯达同时推出胶片相机和数码相机，之后很有可能成为数码相机的领导企业。

　　根据反向归纳、正向突破分析法的大数据分析，我们发现后续管理错误最常见的原因有：

　　1. 没有察觉新的单项弱点或叠加性弱点，并加以控管。

　　2. 执行计划失当。

　　3. 没有停损（或退场）计划。

　　4. 没有以新信息和情况变化来更新决策路径。

　　通过掌握影响执行决策的要素以及更新、调整和停损退场，我们可以将后续管理错误率降到最低。

表 14-1　影响执行决策的要素

要素	目的
教育	教育参与者，增加他们的参与意愿和执行意愿
资源分配	执行决策时的资源很重要，包含供应商、人才、资金和行政支持
时机和时程	要将反对声音降到最低，执行决策的时机很重要。执行决策经常需要一些依据，如解决众所周知的问题，来将最初的反对声音降到最低。为了确保对决策执行有所管控，以及效益最大化，执行之后的时程规划也很重要
阶段性做法	针对复杂或困难的决策，可以分阶段执行，以便在阶段转换时调整工作内容，也能将意外情况的影响降到最低
执行者和组织	执行复杂的决策，重要的是确保执行成功，所以要依据技能和人格特质筛选正确的人，以及依据管理能力来选择执行和组织部门

执行计划错误

决策者可能不是执行决策的人，但可能会影响执行决策。
影响执行决策的要素如表 14–1 所示。

更新、调整和停损退场错误

做完决策后，可能会有新信息持续进来。决策者要把新信息纳入考量，并及时调整决策。有的时候，新接收到的信息可能会让某些决策依据的假设不成立。这样一来，就需要退场计划，舍弃这项决策。

每个决策都需要停损的退场机制。决策前通常要拟定好停损标准，例如一个投资者在股票亏损 10% 时就要停损卖出。

1942 年冬，希特勒在斯大林格勒战役中"不撤退"的决策，就是一个没有停损计划而失败的典型案例。当时，德军被斯大林格勒的寒冬包围，陆军元帅保卢斯将军（Friedrich Paulus）提议撤退来节省战力，不过希特勒用一句"无撤退指令"驳回提议，造成德国第六集团军在斯大林格勒全军覆没。因为没有停损计划，希特勒错失节省战斗力的机会。

调整错误

决策的本质是变动的，而非一成不变的。

几年来，我们发现好的决策者具备两个特质，即准备好承认错误和葆有弹性。这两个特质能让他们在新信息浮现时，随时准备好调整决策。

调整决策的标准是"未来获益"加上"可避开的损失"与可调整的成本之间的比例，包含调整要花费的精力、时程延迟，以及心理上对于调整的不适应。这个比例称为决策调整比。如果决策调整比大于 1.0，就要考虑进行决策调整。

$$决策调整比 = \frac{未来获益 + 可避开的损失}{可调整的成本}$$

许多决策失效是因为没有及时调整，如第四章的讨论，有一部分原因是陷入旧思维。

英特尔公司就出现过调整错误。英特尔公司在 20 世纪 70 年代早期是存储器芯片的龙头企业，在市场占有率及获利率上都有卓越的成就。70 年代中期，日本自行研发存储器生产线，在政府大量资金补助下横扫市场。受到陷入旧思维的影响，英特尔公司一开始坚持原来的决策，决定提升存储器产品的竞争力，但盈利持续下滑并开始亏损。1978 年，CEO 安迪·葛洛夫（Andy Grove）承认英特尔先前的决策需要调整，转而投入微处理器业务。许多华尔街分析师认为，这项调整拯救了英特尔，使其免受日本全面发展的存储器产业的冲击。

至于本章一开始提到的柯达公司，如果当时有调整"胶片为主"的策略，就不会错过同时推出胶片相机和数码相机的双线商机。许多华尔街分析师认为，如果柯达采用双线商机策略，柯达便能存活至今，就不会沦落到破产的处境。

做出决策之后没有后续管理，就如同生下小孩之后却不管教，结果难料。

本章练习

* 是否能回溯过去因为没有停损标准和退场机制导致失效的决策？

* 是否能回溯过去因为调整错误导致失效的决策？

* 若想预防憾事重演，应该如何改善？

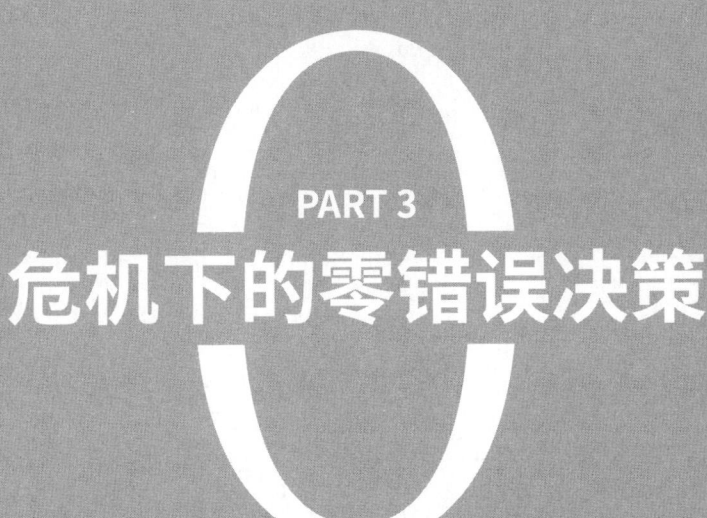

PART 3

危机下的零错误决策

第十五章

零错误决策管理

每天练习早晨防范、黄昏自省，可以大幅降低个人的决策错误率。

表 15-1　10+1 零错误决策法则

避免不当心态
意识到优势、弱势、机会和威胁
在正确的时机启动正确的决策
根据企业策略和长期目标拟定短期目标
采用合适的预测方法分析未来情况
搜集、确认和分析相关信息
找出所有可行的决策选项
选出最佳选项
控管决策风险
检查决策质量
后续管理决策

我们检视所有企业中的决策相关错误时，发现 95% 的成因都落在 10+1 失效模式。我们已经从前几章学到如何避免这 10+1 失效模式，做出零错误决策，这里把这些预防方法整理成 10+1 零错误决策法则（见表 15-1），目标是避免落入任何一个失效模式。

导致决策相关错误（含无决策错误及失策错误）的前 3 个因素是不当的信息搜集、确认和分析，单项弱点控管失当，选项形成和选择。

管理决策系统

在企业里，只要有管理系统强制执行规定，规定就会令人信服又有效。管理系统可能是一堆帮助执行规定的守则、流程和计算机辅助软件。通过企业管理系统的规定来评估，我们可以预测出这家公司在同类公司中的表现。

我们根据 10+1 零错误决策法则编制决策质量管理指数，协助公司将决策管理质量量化。一如预期，我们发现了其中的相关性，当决策质量管理指数越高，公司的税后净利就越高，代表公司的市场价值越高。

决策质量管理指数中的 11 项决策管理系统包括：

一、避免错误心态

● 预防不当心态的正规训练。

● 定期分享不当心态引发决策错误的案例。

二、察觉 SWOT 情况

● 分配领导单位的角色及责任，以便察觉 SWOT 情况。

● 所有部门一起协助主要部门察觉 SWOT 情况。

三、在正确的时机启动正确的决策

● 拟定 SWOT 的决策启动标准。

● 根据重要性和功能分类决策。

● 针对不同种类的决策启动分配角色及责任。

四、根据企业策略和长期目标拟定决策目标

● 制定企业策略和长期目标。

● 与决策部门沟通商业决策及长期目标。

● 记录决策短期目标。

五、采用合适的预测方法分析未来情况

● 培养预测未来各种情况的必要实力。

● 设定预测分析部门的角色及责任。

● 与负责预测分析的部门沟通。

六、搜集、确认、分析相关信息

● 建立正规流程和搜集渠道，以获取特定领域的信息。

● 建立信息质量检测的正规流程。

● 建立信息分析的正规流程。

七、找出所有可行决策选项

● 找出选项的训练，例如头脑风暴、决策树、创新思维法等。

● 建立辨识可行选项的正规流程。

八、做出最佳选择

● 筛选方法的训练，如加权准则决策矩阵、互动赛局策略、概率分析等。

● 培养各部门做选择的能力。

● 建立筛选选项的正规流程。

九、控管决策风险

● 决策风险分析的训练，如察觉单项弱点、风险概率分析等。

● 建立分析决策风险并将风险最小化的正规流程。

十、检查决策质量

● 提供自我检查及决策质量独立审查的指引。

● 做决策前自我检查决策质量的确认表。

● 重要决策须拟定独立审查确认表。

● 重要决策须拟定小规模测试的确认表，尤其是会影响多方的决策。

十一、后续管理决策

● 拟定后续管理重要决策的行动指引。

● 决策执行后的质量评估。

● 决策失效的根本原因分析（如果有必要）。

● 决策失效的共同原因分析。

决策者的培训、资格、责任

有一次，在零错误决策的课堂上，我问学员："人类史上，导致非自然死亡的首要因素是什么？"学员们说了很多答案，如战争、革命、误诊、车祸、中毒等。不过我认为首要因素是不好的决策，

99%的非自然死亡大都可以归纳为这个原因。

为什么这么说？如果仔细回想刚刚提到的所有因素，其实都有一个共同点，就是不好的决策。不好的决策导致战争、不好的决策导致误诊、不好的决策导致车祸、不好的决策导致中毒。导致企业失败与个人失败的主要原因也是不好的决策。

如同社会上的各种实务、任何重要技能，从事医疗、消防、驾驶等生死攸关的职务都需要广泛的训练，需要拿到合格证照才能顺利操作，并且从业者需要对自己的行为负起责任。举例来说，有了驾照，如果我们不遵守交通规则，就会收到罚单，而且可能被吊销驾照。

决策失当可能会造成大规模的伤害，比不好的驾驶员、不好的医务工作者或不好的消防员更糟。因此，每个人都应该培训做决策的能力。我们发现如果可以跟考取驾照一样培训出合格的决策者，就可以让人负起责任，避免这11个方面的错误。

早晨防范、黄昏自省

如果每天练习早晨防范、黄昏自省，同时检测失策错误与无决策错误，可以大幅降低个人的决策错误率。早晨防范已经是许多专业人士每天早上工作规划的一部分，目的是预防这一天会发生的错误；黄昏自省则能够预防未来的错误。

降低决策错误率的早晨防范、黄昏自省自我检查如表15-2、

表 15-2　早晨防范自我检查表

● 有没有重要的决策该启动，却没有启动？
● 有要加以发挥的优势吗？
● 有要改正的缺点吗？
● 有要回应的威胁吗？
● 有要抓住的机会吗？
● 之前做的决策，现在执行状况如何？
● 有新的发展阻碍吗？
● 有新的单项弱点吗？
● 针对新发现的 SWOT 有任何行动吗？
● 针对新的发展阻碍或单项弱点，有任何控管方式吗？

表 15-3　黄昏自省自我检查表

● 有任何决策错误吗？
● 有虚惊一场的事情吗？
● 重要事情启动决策了吗？
● 有违背 10+1 零错误决策法则吗？
● 未来如何改进？

15–3 所示。

　　企业中，单项弱点会出现在两个地方。一个是没有独立审查的决策，也就是在决策中出现单项弱点。另一个是执行决策时遇到单项弱点，预期之外的错误或偏差会导致无法挽救的结果。这种单项弱点可能出现在工作指令、标准作业流程和管理策略上。

　　每个员工每天都可能会遇到一些单项弱点，也就是没有防护层的棘手情况。情况的类型很多，如重要活动的指令模糊、重要行动有时效性、重要活动仅有口头指示、重要决策没有独立审查、重要却有负担的行动（例如须佩戴安全护具的高空作业）。

每项单项弱点都像不定时炸弹，静静躺在那里，直到有个错误发生，或被意料之外的偏差情况引爆。一旦"爆炸"，就是严重事故。企业中潜藏越多的单项弱点，就会发生越多的事故。事故越多，企业失败的概率就越高。

在零错误组织或企业中，每天都会追踪和控管现有的单项弱点。每天的晨会都要检视各个小组的单项弱点。小组长要试着用防护层来消除单项弱点，例如通过验证、审查等方式。如果无法消除单项弱点，这项工作就要交由有经验的员工或把工作时间调整到一天中错误率较低的时段，以降低错误率。

至于无法减缓的单项弱点就需要向直属主管汇报。一旦主管收到小组长的汇报，就要决定是否分配更多资源来解决单项弱点。主管可以提供额外设备、可以调整工作方式，甚至可以取消工作来避开单项弱点。经过主管审查和采取补救措施后，再将所有主管无法解决的单项弱点呈报给企业领导人。企业领导人手上这份报告，即尚未解决且数量庞大的单项弱点，就是企业当天的单项弱点。单项弱点的数量和当天重大事故的发生概率成正比。单项弱点越多，越可能发生重大事故。如果几乎没有单项弱点，就不会出现事故。

呈报给企业领导人的单项弱点需要定期分析，才能找出企业管理系统的疏忽。

察觉到疏忽，例如准备流程的工作指令失当、技术审查员训练不当等，就要随时修正以减少单项弱点。

我们有位跨国公司的客户就导入了这套追踪系统，以便检视并控管每日尚未消除的单项弱点。在每日晨会的小组报告中，包含CEO在内的每位管理者都知道自己负责的部门有多少尚未解决的单项弱点。主管们可以检视这些单项弱点，并想办法改善管理方式，让待解决的单项弱点慢慢减少。随着时间流逝，我们看到错误事故显著减少。

零错误风险管理系统

当一家公司面临紧急危机时，等于要处理以下 6 种情况：

1. 做出决策的时间压力。

2. 执行决策时间有限。

3. 资源有限，无法马上集结到位。

4. 错误信息和假信息。

5. 无法取得需要的信息。

6. 做出改变可能带来更多威胁。

紧急危机中，决策者可能会落入 5 种不当心态的陷阱。分别是：

1. 盲从：听从几位心腹的建议，没有验证就相信错误信息。

2. 过度自信：没有全面了解选项风险。

3. 不知道自己无知：没有看长期影响或为了面子隐藏事实。

4. 陷入旧思维：用旧方法解决新问题。

5. 选项只有二选一：时间压力下没有找出所有可行选项。

根据我们的数据显示，决策者在危机中犯下的失策错误和无决策错误多了 3 倍以上。以我们 30 多年来危机处理的经验来看，要避免这些错误陷阱，需要的是知识、组织和纪律。知识代表相关人员都要具备执行任务所需的知识；组织代表管理制度要有清晰的角色和责任分配，才能处理危机中最重要的各种决策；纪律代表决策过程要严谨，遵守零错误思维并采用 10+1 零错误决策法则。

在危机中快速做出零错误决策没有捷径，需要依靠有组织、有效率的危机处理流程，以及相关人员的知识。确保危机中的决策零错误，需要的不是最聪明的决策者来领导团队，而是零错误决策思维的训练及遵循 10+1 零错误决策法则。

图 15-1 是典型的危机团队分布图，以及相关人员的知识范畴。团队大小取决于危机的复杂程度和决策的紧急程度。如图所示，典

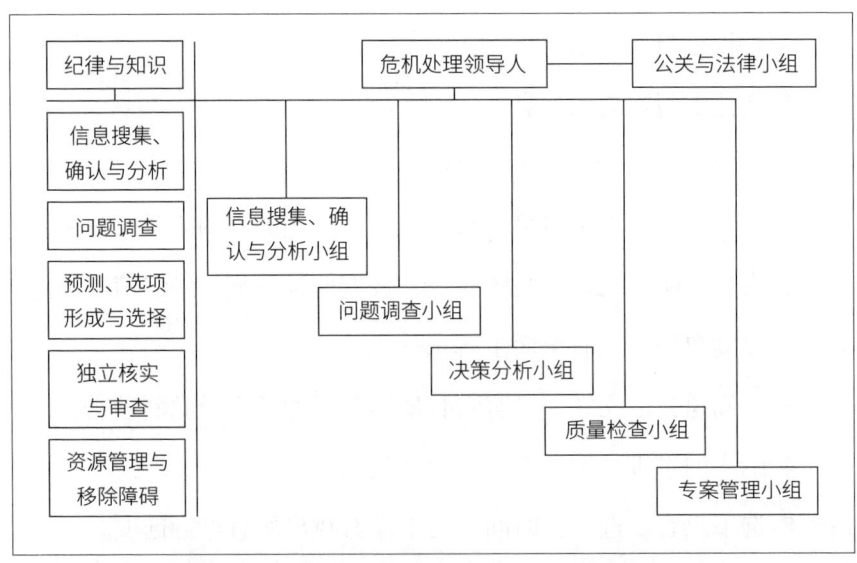

图 15-1　危机处理中的知识、组织和纪律

型的危机处理团队包含 6 个小组。团队经常是在影响企业存活的危机出现时才会出现。团队领导人必须是受过训练、有资格代表企业领导人做出决策的人。关于危机处理领导人的角色和责任，及 6 个小组的简要描述如下：

1. 领导人：领导人负责带领所有小组快速处理危机，需要拟定时程和任务交由所有小组执行。领导人的决策不能出错，核心宗旨为零错误、正面、速度。

2. 公关及法律小组：负责与所有方沟通，如受害者、消费者及大众。在这个小组里，法律顾问负责检查所有公开文件或声明，确保不会与现行消费者相关的法律义务相冲突，或违背法律法规。在危机处理领导人的指示下，这个小组的必要任务是：

● 实时将危机的严重性、范围、处理进展公布出去。

● 及时找出并确认导致危机的原因及受害者。

● 承认管理疏忽并负起责任（这是合理的，因为若没有管理或商业流程上的疏忽，危机不会出现）。

● 表达同理心并提出补偿措施，将受害者的损失降到最小。

3. 信息小组：在整个危机处理过程中，负责搜集、确认、分析解决问题和决策所需要的信息。

4. 问题调查小组：负责找出引发危机的事实及成因，并且找出组织上的不足之处，因为这个不足之处才会导致危机发生。只有了解造成问题的真正原因，才能停损、减缓并评估停业时间。只有知道组织运作上的不足，才能有效执行修正方案。

5. 决策分析小组：负责拟定遏止、减缓、停止损害的决策。这些决策的目标是把危机的伤害降到最低，或化危机为转机。

6. 质量检查小组：负责审查指派任务的完整度，并且检查问题调查及决策的质量。

7. 项目管理小组：负责取得其他小组所需的资源和供给品，也负责控制预算、工作进度，以及多项任务的进度报告。

组成危机处理团队后，所有成员必须随时待命，直到危机被控制住。每个小组成员都必须是受过培训的合格人员。合格人员知道执行指派任务的技巧和方法，他们严谨、以大局为重，而且训练有素。一般来说，危机处理培训要两周时间，每年抽出 3 天时间继续培训并重新考核。培训过程中会教授许多高风险灾难情境、零错误决策的应对技巧和工具，如预测模型、加权准则决策矩阵、风险概率分析和贝氏概率分析。

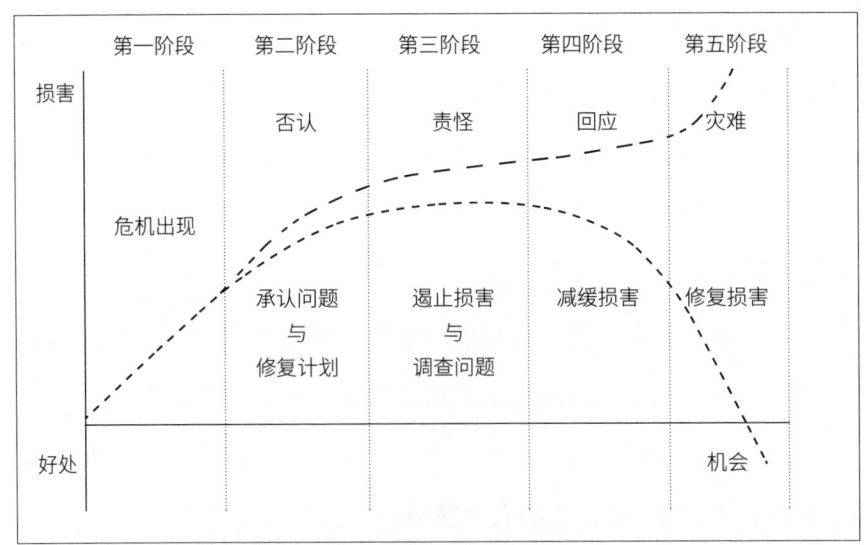

图 15-2　危机处理得当与失当的五个阶段

　　图 15-2 是危机处理的好坏比较。如图所示，典型的危机处理可以分为五个不同阶段。危机处理的好坏在每个阶段都有不同的影响，并带来不同结果。

　　在危机的第一阶段，危机出现且损害越来越大。在这个阶段的最后，好的危机处理方式能够确认危机存在，并开始找出问题（进入第二阶段）。当找出问题所在，并且在第二阶段分析了问题，修复计划就开始了。修复计划包含对未来情况的预测、显著原因、导致事件发生的管理疏忽、如何对受害者表达同情、如何赔偿损失。

　　到了危机的第三阶段，好的危机处理会深入调查原因，大致要根据预测及单项弱点和叠加性弱点找出能够遏止损害的因素，并开始不让损害恶化。一旦遏止住损害，危机处理便会进入第四阶段：降低影响的阶段。在这个阶段，损害已经下降或停止了。一旦成功停损，便会进入第五阶段：修复阶段。第五阶段要建立修复的标准，以恢复原状或达到更好状态为目标。在第五阶段，有机会可以把事情做得比危机之前更好，因而从危机中得利。

　　与危机处理得当相反的，就是危机处理失当。在危机的第二阶段，不好的危机处理方式经常否认或把问题小而化之。到了第三阶段，当再也无法否认存在危机时，就会开始找代罪羔羊。代罪羔羊通常是引发危机的负责人（非管理层）或某个不可控因素。危机处理失当的团队因为确认问题和决策的速度很慢，受影响的人和受害者会对危机处理团队和该企业失去信心和耐心，问题也会越来越严重。到了第四阶段，他们被逼着做出行动，例如正面回应、控制损害。然而损害已经太过严重无法控制，最后在第五阶段变成失控的灾难。

我们针对许多危机处理失当的案例做研究，第二阶段的处理便会将危机处理团队的好坏区分开来。在第二阶段，企业律师有时会认为少说少错、未定罪前不承认错误，不好的团队领导人经常会受此影响。因此，危机处理的领导人会花更多时间说服受害者他们其实没有那么痛苦（例如这不是问题，不要抱怨），而不是找出原因，正视问题，也正视受害者的感受。

以下用几个案例来说明危机处理好坏的影响。先讲一个负面案例，那就是大众汽车尾气排放数据造假丑闻。2015 年 9 月，美国环保局公布德国大众汽车集团违反"清洁空气法"。美国环保局发现大众汽车集团在检测尾气排放时，使用软件来让排放数据达到美国官方标准。大众汽车集团时任 CEO 马丁·温特科恩（Martin Winterkorn）否认存在这个问题，并表示："这只是技术性问题，我们没有说谎。"后因造假丑闻扩大，温特科恩提出辞职。新任 CEO 马蒂亚斯·穆勒（Matthias Muller）开始责怪问题是少数人的错误。后来，当大众汽车集团在 2017 年 1 月终于坦承错误时，危机已经十分严重。这起丑闻处理失当的结果让大众汽车集团召回了 67.8 万辆汽车、缴交罚款，花了 250 亿美元才从危机中脱身。

下面要说的是两个危机处理的正面案例，一个是星巴克种族歧视事件，另一个是美国西南航空客机引擎爆炸事件。

2018 年 4 月 12 日，两名非裔美国人在星巴克等朋友，结果遭到有种族歧视的店员打电话报警，并被警方逮捕。事件被曝光后，星巴克 CEO 凯文·约翰逊（Kevin Johnson）旋即表示这一行为应受谴责。他负起责任，了解事情的缘由并解决问题，并为了进行反种族偏见培训课程关闭全美 8000 家店。为了向全世界表示星巴克绝不允许种族歧视，星巴克损失了约 1200 万美元。

至于美国航空业的模范生西南航空公司在 2018 年 4 月 17 日也发生了一个危机。那天，西南航空公司 1380 号客机引擎爆炸导致一名乘客死亡，事发两天后，西南航空公司 CEO 加里·凯利（Gary Kelly）写信给遇难者家属诚挚道歉，该航班的所有乘客也都接到电话及邮件慰问，公司表示愿意提供协助和心理疏导，另外公司也赔偿所有乘客 5000 美元的支票与 1000 美元的旅行代金券。西南航空公司的公关团队还持续跟踪掌握大家对该事件的说法、看法及感受，成功解决了这次危机。

零错误机会管理系统

内在优势和外在机会都是正向危机，如果适当控管就可以为企业带来很大的收益。为了控管正向危机，许多公司会建立自下而上的创新管理机制，可以评估员工的创意提案，并提供资源研发和执行其中的个别提案。有家公司在这方面做得很好，那就是 Google。Google 鼓励员工用 20% 的时间做通过公司认可的小项目。这个制度的结果令人赞叹：Gmail、Google 地图在一开始的时候都是小项目。

我和同事担任顾问的多数企业并不像 Google 有那么多资源可以开发新创意，因此，建立自上而下的机会管理系统更有效率，可以找出外在机会和内在优势，并化为商机。这个系统由企业领导人、设计者，或企业研发部门负责，有时候会配合自下而上的创意管理系统同时并进。自上而下的系统有以下 8 个步骤：

1. 找出现有客户未被满足的需求。

2. 找出现有产品和服务未被满足的需求。

3. 找出因消费者和企业之间的互动缺乏效率而未被满足的需求。

4. 找出可以解决需求未被满足和无效率的方法。

5. 将解决方法视为机会，并评估其可行性，包含成本 / 利润、科技限制和商业风险。

6. 选择高回报率和低风险的机会，开发内在优势。

7. 进行市场调查和小规模测试，确认未被满足的需求、内部优势，以及可行性。

8. 开发项目计划和周期，将机会转化成利润。

我们发现只有当企业的内在优势足以提供解决办法时，未被满足的需求才可以转化为机会，再变成利润。否则，世界上任何一个人只要看到未被满足的需求，都可以抓住机会赚取利润。有了内在优势，企业才有本钱跟其他对手竞争，提供更好、更便宜的产品，更快把未被满足的需求转化为利润。

某些企业家会因为看到未被满足的需求及自身的内在优势，想要创立新公司。那么，他们要考虑的事情非常多。先要考虑整个用户群未被满足的需求；再要考虑这家尚未创立的公司是否能提供当地市场上没有的产品和服务，甚至是全世界都没有的产品和服务；最后则要考虑未被满足的需求是否确实存在。

分析 2018 至 2019 年 100 家创业公司成功与失败的案例，我们得出商业上的一个普遍准则，那就是机会＝未被满足的需求 × 内在优势 × 可行性。

需要注意的是，缺乏内在优势及可行性的话，只知道未被满足的需求不构成机会，而是一个最终无法实现的希望。只有 3 个条件都存在时才算机会，也就是说，未被满足的需求、内在优势及可行性需要同时存在。根据我们的统计，机会评估错误通常是由 3 个原因造成的：未被满足的需求不够强烈、缺乏内在优势、缺乏可行性。

有许多企业犯下机会评估错误。例如设计和制造重型机车的哈雷戴维森摩托车公司（Harley-Davidson Motor Company）的内在优势在于引擎设计和制造，而非营销或销售。1994 年，哈雷公司看见重机车骑士未被满足的需求，需要在骑重机车时洒点古龙水。于是哈雷公司开始投资香水市场，之后则是剃须刀市场。化妆品市场并非哈雷公司的专业领域，整条产品线以惨赔失败告终，正是因为缺乏营销和销售化妆品的内在优势。

近期 WeWork 也犯下同样的错误。WeWork 联合创始人亚当·诺依曼（Adam Neumann）以平价的全功能共享办公室（包含健康点心吧台、午睡室、电话亭等）满足伦敦一群专业小型企业及企业家的需求。因为与 WeWork 签下长期租约，能享受更便宜的租金，所以成功引发风潮。然而，这个需求在美国并没有那么大，因为美国流行比较随性的办公方式，在咖啡店、公共图书馆、饭店大堂等都能办公，导致 WeWork 进入美国后策略失败。2019 年，WeWork 的市值有 470 亿美元，但登陆美国失败后，2020 年的市值仅剩 50 亿美元。

　　有些企业家知道该怎么用内在优势把未被满足的需求转化成机会，亚马逊的杰夫·贝佐斯（Jeff Bezos）、Meta 的马克·扎克伯格，以及 Google 的拉里·佩奇和谢尔盖·布林就是个中高手。他们都看出未被满足的需求，并运用内在优势创业，满足那些未被满足的需求。

　　贝佐斯的专长是计算机及投资，他以第一名的成绩毕业于普林斯顿大学，后来成为华尔街一家投资公司最年轻的副经理。1995 年，他看见在线售卖图书的需求，便和几位朋友在车库里用 3 台太阳牌微型计算机写出程序。上线亚马逊网站后，销售的图书横跨 45 个国家，并在两个月内实现每周两万美元的营业额。1997 年，许多传统书商也开始发布线上平台，公开与亚马逊竞争。但是亚马逊的软件更好、速度更快，因此能持续领先其他竞争对手。随着公司持续发展，亚马逊现在销售各种类型的商品，贝佐斯则成为全球最富有的人之一。

　　扎克伯格的专长是写程序。在进入哈佛大学以前，他便开发了一个名为 Synapse Media Player 的音乐程序，以机器学习来推测使用者的习惯。他在哈佛曾写了一个名叫 Facemash 的程序，让同学们从照片中选出最好看的人。2004 年 1 月 4 日，正在读大二的扎克伯格推出网站 Thefacebook，也就是现在的 Facebook。他曾说自己只花了两周便写出了脸书的程序，因为他已经从之前做的事情中累积了很多基础架构和程序知识。他很会写程序的内在优势，使他可以更快地更新 Facebook，并使其越来越好，领先所有追逐的竞争者。如今，扎克伯格已跻身全球富豪排行榜前列。

　　佩奇和布林是在读博士时创办的 Google。佩奇的专长是数学和计算机科学，布林的专长是计算机科学。他们在斯坦福大学共同为一个名为 Backrub 的搜索引擎编写程序，并一起发表论文《大规模超文本网络搜索引擎剖析》，探讨如何用一个网站与不同网址相链接，用网页排名这个数学算法开发出以单一问题排序网站的独特方法。1996 年 8 月，初版 Google 出现在斯坦福大学的网站上。今天，他们已经成为全球排名前十名的富豪。

每天练习早晨防范、黄昏自省，做好零错误决策管理，养成执行零错误方法的习惯，自然可以把决策错误率降到最低，进入零错误的理想境界。

没有零错误决策管理，零错误就只是口号，并非真正的实践。

本章练习

* 什么是 10+1 零错误决策法则？

* 在过去 3 个决策错误的经历中，10+1 零错误决策法则有哪些没有做到？

* 从今天开始，尝试早晨防范、黄昏自省，你发现了什么决策错误？

第十六章

生活中的决策相关错误

影响人生最大的 5 项决策中，有 3 项与人际关系有关，2 项与找不到生活目标、热情和乐趣，以及没有受到良好教育来充实人生目标有关。

2009 年，我们从美国 20 个人口多样的城市随机挑选 300 位 65 岁以上的人进行调查。我们询问参与者人生中难忘的错误经验，以及这个经验对他们的影响，包括失策错误和无决策错误。这些错误的决策是以不快乐的时间来评估的。图 16-1 显示参与者造成严重影响的前 10 个难忘的决策失效。这个调查结果让我们有点惊讶，因为造成严重影响的前 10 个决策失效并不包括没有得到高薪工作或没有赚到足够的钱。

影响最大的 5 个决策失效是：

● 糟糕的婚姻。

● 糟糕的事业或事业合伙人。

● 在工作和生活中缺乏目标、热情和乐趣。

● 没有接受适当的教育和技能培训。

● 结交坏朋友。

同样地，我们在调查中找出不快乐时间最长与最短的前 10% 的参与者，发现不快乐时间最短的参与者，累积的财富是不快乐时间最长者财富的 15 倍。对我们来说，这个发现并不让人惊讶，因为幸福的生活肯定会带来更成功与更富有的人生。

这项调查有趣的点在于，每个改变人生的大决策都是由很多小决定组成的，这些大决策就是人生决策，我们发现改变人生的决策失效平均是由 10 个小决定失效导致的。举例来说，选择一个个性不合的伴侣是改变人生的失效大决策，它可能由很多小决定失效导致，例如决定与一个人更亲密发展、拒绝一起旅行的机会、在没有结婚的情况下一起生活，以及在结婚前有了小孩等。

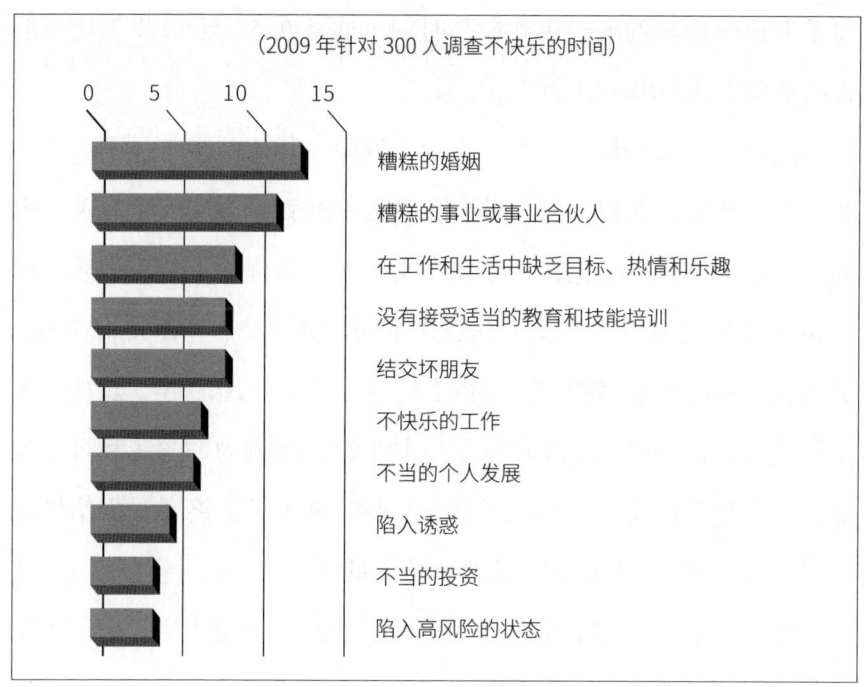

图 16-1 决策失效的成本

要注意的是，在影响最大的 5 个决策失效中，其中 3 个与人际关系有关，也就是糟糕的婚姻、糟糕的事业或事业合伙人，以及结交坏朋友。有一个与找不到生活热情的人生目标有关，另一个与未能接受好良好教育、充实人生有关。

根据这个发现，我们得出结论，与其他人有良好关系的人往往会更快乐。哈佛大学长达 80 年的"成人发展研究"也支持这个发现。哈佛大学的研究发现，影响健康与幸福的重要人生决策之一就是人际关系。这个发现可以概括为：在人的一生中，友好的人际关系是影响人生满意度最积极正向的因素。报告还指出，在友好人际关系上得分最高的人，年薪最高时期（通常在 55 至 60 岁）比一般人的平均年薪多出 14.1 万美元。

此外，在影响最大的 5 个决策失效中，其他两个与找不到生活的目标、热情和乐趣，以及没有受到良好教育来充实人生有关。因此，我们可以得出结论，一个拥有明确人生目标的人会更快乐，而且在临终时遗憾更少。澳大利亚作家布朗妮·维尔（Bronnie Ware）努力找出临终者遗憾的实际案例支持这个结论。2019 年，长期致力于临终关怀的布朗妮·维尔写下一本非常有影响力的书《和自己说好，生命里只留下不后悔的选择》，书中讲述了临终者透露给她的共同遗憾，那就是他们曾在人生中犯下的错误。

维尔在书中引述的临终者最大的遗憾都与设定人生目标的决策失效有关。具体来说，在书中，临终者都很遗憾他们没有真正过自己想要的生活，而是在过别人期望他们过的生活。

我们每天的生活都在做决定，处理一连串大大小小的事情，例如要去哪家餐厅用餐、孩子在学校遇到事情要如何处理等小事，以及如何选择另一半、人生职业等大事。

我们的团队从上万件个人和企业决策错误事件的后续访谈中发现，个人和企业发生错误决策的环境差异极大。极大的环境差异，导致错误原因的统计比例有很大差距。

从表 16-1 可以看出个人和企业决策错误的主要环境差异。以个人决策来看，没有预知未来事件的预测模型、没有避免无决策错误的决策启动系统、没有确保质量的独立审查，而且很少有团体讨论。因此，不出意外，个人决策的错误率会高于企业决策的。

表 16-1　个人和企业的决策环境差异

环境	个人决定	企业决策
家人、亲戚和朋友	有时	无
预测模型	无	有时
决策启动系统	无	经常
团体讨论	很少	经常
独立审查	无	有时

除此之外，因为个人决策有时候牵涉家人、亲戚和朋友，更容易在决策时出现不当的心态。例如当家人推荐投资一家很棒的公司，说这家公司将会以指数级速度成长，就可能会落入盲从的陷阱中，即没有确认信息便信以为真；和家人决定去玩潜水时，可能会落入过度自信的陷阱。

与企业决策不同，一般人很少在个人决策中采用预测模型、小组讨论或独立审查。由于缺乏独立审查，个人决策错误率比企业决策错误率高出很多。

由于个人做决策时通常不会使用预测模型，因此预测错误率会更高。在这样的情况下，与股票市场投资、新开发计划的发起、民事诉讼的发起、从事未来可能有前景的事业、买进未来可能升值的房屋等相关的决策往往会犯错。

由于个人做决策时通常不会与有经验的人进行小组讨论（部分原因是自尊或缺乏信任的朋友），所以犯下选择错误的概率更高。这里的选择错误包含选项形成错误和选项选择错误。一般来说，有经验的人会更加了解做出更好决策的期望与风险因素。在这样的情况下，在寻找或选择配偶、职业和朋友上往往会犯错。

我们发现，过度自信和不知道自己无知的人比其他人更容易犯下预测错误和选项选择错误，这是因为过度自信的人在有需要的情况下通常不会寻求帮助，而不知道自己无知的人则很短视，不会考虑未来情况。

性格与决策错误

因为个人决策很少跟别人讨论，所以很容易受到决策者本身的性格影响。我们检视性格与决策错误类型之间的关系后，发现二者之间有高度相关性。

在我所著的《零错误思维》中，我们将性格分成两个面向："外向和内向"以及"左脑和右脑"。外向决策者的决策错误常与细节有关，例如分析选项的优点。内向决策者的决策错误常与人有关，尤其是在谈判的时候。拥有左脑性格的决策者在处理抽象概念时比较困难，而且比较习惯按部就班的方法，但经常抓不到决策大方向，例如陷入短视近利或不知道自己无知的心态，也容易陷入盲从的心态。右脑性格的决策者在处理细节时比较困难，尤其在辨识单项弱点和叠加性弱点时。此外，缺乏风险意识很容易让右脑性格的决策者落入过度自信的心态。

我们可以依据自己的性格了解自己会犯什么类型的错误。举例来说，我是外向的左脑性格，我发现自己多年前的决策错误大多是因为盲从、不知道自己无知，以及选择错误。了解自己的短处之后，我的补救方法是在做任何困难决策之前，先跟同事、太太或哥哥讨论。有了自我意识和改善方法后，我近年来的决策错误率大幅降低。

一个避免错误的方法就是请性格互补的朋友检视决策。对我来说，最好的决策审查员就是内向右脑性格的朋友。这样一来，我的朋友便可以看出我没注意到的决策错误。

避免当下决策、决策太快或太慢

生活中，并非所有决策都很重要。例如要去哪家餐厅吃饭就不是个重要决策。但是，选择去哪家公司工作就是重要决策，因为决策错误可能会带来持续很久且难以挽救的结果。

并不是生活中的所有决策都需要预测未来情况。例如晚上聚餐时选择穿晚礼服并不需要预测未来。然而，选择一个在后院野餐的日期就需要预测那天的天气；或者计划投资或选择工作和另一半时，就需要考虑未来，才能知道从长远来看是不是正确的选择。事实上，生活中大部分的重要决策都需要预测未来。

要避免生活中的决策错误，我们需要根据决策所花的时间把个人决策分成3种类型：当下决策、快决策和慢决策。我们一天之中会做很多当下决策，通常是以直觉做出的例行决策；我们也会做一些快决策，通常需要预测判断，这些决策并不十分重要；我们偶尔会做慢决策,通常是重要决策且需要预测。我们发现,日常生活中90%是当下决策,9%是快决策,仅有1%是慢决策。

避免每种错误的方式不尽相同。如果要避免当下决策错误,最重要的方法就是避免有不当心态,例如意识到自身缺点、找到补救方式,以及避免外在或内在因素将不当心态的影响扩大。对快决策来说,除了避免有不当心态之外,避免信息错误和预测错误也很重要。

我们发现,即便慢决策在所有决策中只占1%,却有99%的概率决定我们人生的成功或失败。慢决策需要将思绪慢下来,才能做出好决策。慢并不代表时间长,而是表示决策过程需要按步骤进行,这样才能避免各种决策错误。

生活中典型的慢决策包括结交朋友、寻找商业伙伴或人生伴侣、结不结婚或跟谁结婚、选择职业、投资等。

避免单项弱点可以让决策者不至于陷入高风险。我们发现生活中超过50%的意外事故与单项弱点有关,包括选择朋友、商业伙伴和人生伴侣,没有适当保护措施的高风险运动;跟容易出错的人一起工作,没有防护措施便到高风险地区旅游或生活等。

慢决策应该要经过独立审查,否则决策本身可能就是单项弱点,会导致无法挽回的结果。但在个人生活中,并不存在独立审查员,所以决策错误的概率非常高。

为了弥补个人做重要决定没有独立审查的缺点,决策者就必须自己承担起独立审查员的工作。要改善自我审查,就要用20个自我检查问题的分数来判断失效率。如果失效率大于30%,就要重新考虑，或者想办法降低风险。除了自我审查之外，跟朋友、家人或伴侣讨论是个人重大决策的非例行独立审查的常见方式，对发现决策错误很有帮助。我们发现比起独来独往的人，和家人、朋友保持良好关系的人更容易成为好的决策者，很有可能是因为他们做出重大决策时有这些非正式的审查员协助。

团队合作指数

选择朋友、商业伙伴和人生伴侣是个单项弱点的决策，因为如果犯错可能会导致无法挽回的后果。在以上 3 个方面，能否做出正确的个人决策与双方之间的团队合作指数有关。在做决策时，不妨问问自己以下几个问题：

● 为什么我无法跟另一半和睦相处？和他 / 她在一起是错误的决定吗？

● 我要如何选到可以让我幸福，而且一生都能维持幸福的另一半？

● 谁是那种会拖累我的坏朋友？

● 我想和伙伴一起创业，我应该选择谁作为我的好伙伴？

● 我无法与另一半的家人和睦相处，问题出在哪里？

● 我完全不想与朋友聊天，出了什么问题？

本质上，以上所有问题都涉及良好与糟糕的关系，一段良好的关系仰赖良好的团队，糟糕的关系会导致破坏性的团队。一段良好的长期关系需要长期良好的团队精神。建立友谊、婚姻和创业都需要团队合作精神。

30多年来，我们在零错误公司研究团队合作精神的理想因素与风险因素。这些因素对于选择团队成员与团队合作的结果好坏有重要影响。根据 2002 至 2005 年对超过 560 个案例的大数据分析，我们发现只有 4 个因素会决定团队合作的质量。这 4 个因素是共同的目标（Goal）、共同的兴趣 / 利益（Interests）、共同的价值观（Value）、共同的努力（Efforts）。这 4 个因素合在一起就是合作指数（GIVE）。

共同的目标是指人际关系的目标对所有参与者而言都相同。举例来说，在家庭里，共同的目标可能包括是否与何时组成家庭、夫妻要养育多少个子女、抚养子女最好的方法是什么、赚钱与顾家的家庭责任如何分配，以及家庭未来的愿景。在企业里，共同的目标可能是员工对未来的期望有共同的愿景。

共同的兴趣 / 利益是指所有参与者都有共同的兴趣 / 利益，例如夫妻俩有共同的嗜好，企业有面向所有员工的奖励政策。在生活中，共同的兴趣可以确保参与者拥有很多快乐与和谐的时光；在企业里，共同的利益阻止自私自利的行为。

共同的价值观是指不管是好是坏、重要或不重要、有道德或没有道德，所有参与者都有共同的看法。举例来说，如果妻子认为对孩子来说最重要的事情是教育，而丈夫认为对孩子来说最重要的事情是独立思考，那就可能会出现问题。夫妻俩显然在这方面没有共同的价值观。当妻子认为自己留在家里处理家务很重要，而丈夫认为妻子应该去工作，分担赚钱养家的责任很重要，那么夫妻在这方面就没有共同的价值观。

共同的努力是指团队里的所有参与者都在付出努力。如果团队中只有几个成员付出努力，其他成员没有付出任何努力，那么团队成员就没有共同的努力。真正的共同努力是指团队成员全都调整自己的心态，大家努力付出，相互合作。

当这 4 个因素全都存在时，几乎百分之百就会产生良好的团队合作。如果这个团队是一对夫妻，那么 GIVE 的存在就可以确保有个快乐与长久的婚姻。如果这个团队是一个业务组，那么 GIVE 的存在就可以确保有良好的团队合作。如果朋友、夫妻或业务团队中的 GIVE 薄弱，就会危及团队合作精神，人际关系也会受到损害。

透过统计分析，我们得出一个计算 GIVE 的方程式：

GIVE = 团队成功的概率

= 共同的目标比例 ×0.25 + 共同的兴趣 / 利益比例 ×0.15 + 共同的价值观比例 ×0.42 + 共同的努力比例 ×0.18

如果 4 个要素里有 2 个要素相同，共同的目标比例就是 50%。

实证研究发现，影响团队合作最重要的因素是共同的价值观，其次是共同的目标。这 4 个因素中，重要程度最低的是共同的兴趣 / 利益。

该不该结婚

结婚是人一生中最重要的事之一，为什么不能有一套计划呢？我们对许多成功的婚姻进行分析，发现夫妻俩的 GIVE 都很高，或许他们没有自觉发现这个情况，但是他们都有类似的计划。

这个计划有 3 个阶段，每个阶段的时长相同，最终的目标是与合适的伴侣结婚。举例来说，如果你此时 25 岁，打算 31 岁结婚，就有 6 年的时间寻找合适的伴侣，每个阶段有 2 年时间。第一阶段是探索，用来寻找最适合自己的人生目标、兴趣和价值观的另一半。第二阶段是选择，尝试去更多适合自己的地方，加入很多适合自己的社交俱乐部，或是参加很多适合自己的商务会议，在那里有共同 GIVE 的人最多。这样一来，碰到并选择合适的人作为伴侣候选人的机会就大得多。选到最适合的候选人之后，就进入第三阶段，开始尝试确认对方是不是你真正的人生伴侣，而且你愿意与他 / 她保持稳定的关系。如果尝试的结果让人满意，就会考虑结婚或是承诺与他 / 她保持长期稳定的关系。如果尝试的结果并不满意，就会退到第二阶段选择其他候选人。

我有个学员名叫玛莉·贝丝，在 2016 年一堂培训课后问我她是否应该与男友结婚。她 31 岁，男友 37 岁。他们在一起生活了大约 1 年。

她是一个传统的女孩，认为自己的职责是照顾家庭并作为丈夫的后盾。她在一家小公司担任业务经理，平时喜欢下厨和去很多地方旅行。她与男友毕业于同一所大学，又在同一家公司工作。她想要两个小孩，而且过着舒服（但不用太富裕）的生活。她是个左脑性格、理性的人。

而她的男友在与她相遇前，与高中恋人有段长达 10 年的婚姻，两年前才刚离婚。他没有小孩，他的前妻是会计师，他是平面设计师。他的兴趣是工作。他在遇到玛莉·贝丝前没有换过工作，旅行过的地方很少。和玛莉·贝丝在一起之后，她带他去滑雪，到欧洲一起旅行。他对于婚姻（是否结婚与何时结婚）与建立家庭的想法与她不同。他说他才刚摆脱婚姻，而且享受现在的时光。他宣称他很爱玛莉·贝丝，他是个右脑性格、感性的人。

我问她男友有没有共同分担家务，以及在生活上跟她沟通。她说，他们平摊家务和生活支出。然而，他试着逃避结婚和建立家庭的可能性。

我给她看团队合作指数的公式，评估这段关系成功的可能性。

我发现他与妻子离婚时不是因为压力太大。因此，我判断他不想结婚或建立家庭。

他们没有很多共同的目标，也没有很多共同的价值观。对玛莉·贝丝来说，最重要的事情是照顾家庭，而不是工作，但她的男友不这样认为，他认为妻子也有赚钱养家的责任。

他们也没有共同的兴趣。玛莉·贝丝喜欢下厨与旅行，而他喜欢工作。他跟玛莉·贝丝一起旅行是因为玛莉·贝丝提出了要求，但这也意味着他对这件事不感兴趣。

至于两人的共同努力也不多。即使他有分担家务，也不会花力气去满足玛莉·贝丝的需求，或是借由沟通或讨论来达到共同的目标和价值观。因此我评估这段关系的合作指数大约是 9%。这意味着两人会成为长期伙伴的可能性只有 9%。如果团队要成功，这个指数应该超过 70%，一对夫妻在这样的条件下才有机会保持长期幸福的关系。

因此，我建议玛莉·贝丝现在就决定是否继续这段关系。从图 6-2 的损失选项比角度来看，随着时间流逝，玛莉·贝丝的损失选项比会上升，而她男友的损失选项比会下降。玛莉·贝丝是一个女性，面临生育年龄的限制，随着年龄增加，生下有先天性疾病小孩的可能性也会增加。同时，要找到合适伴侣的机会也会减少，所以她的损失选项比会上升，而她的男友没有生育年龄的问题，因此他的损失选项比在下降。从他自身的利益来看，现在和玛莉·贝丝结婚对他没有好处。

3 年后，2019 年 6 月，我收到玛莉·贝丝寄来的巧克力。她附了一张小卡片给我，告诉我她后来离开了男友，遇到了一个合作指数 85% 的人。

我再分享自己的经历来证明合作指数的重要性。在这个指数尚未研究出来之前，我结过两次婚，但都以离婚收场。我的两个前妻都相当贤惠，分手的原因都跟我工作繁忙、两人的人生目标不一致有关。所以就算两人再相爱，依然敌不过生活中的分歧。后来我计算这两段关系的合作指数，发现指数都非常低。我离婚后有 4 年时间都是单身的状态，我跟许多有可能交往的女性朋友的合作指数都不高，直到遇到达娜。

而当我第一次遇到达娜，虽然被她的个性吸引，但我依然花了相当多时间来确认我们的目标、兴趣、价值观是否一致，也确认她是否愿意为我们两人的生活付出，并调整自己的生活方式，来跟我达成共识，成为好的人生伴侣。当我发现我与她的合作指数非常高时，我毅然提出与她结婚的想法。和达娜一起生活的10年我感到非常快乐。不幸的是，达娜在滑雪场突发心脏病过世了。伤心之余，一位好朋友介绍给我一个新的交往对象，他觉得我们的合作指数一定很高，要我打电话给她。我们第一次通话就聊了9个小时。在这9个小时中，我得出我们的合作指数是极高的。3个月后，我们就决定结婚了。这5年来的愉快相处不断证明合作指数是有效判断婚姻成败的指标。

生活中的错误

从1998年起，我就对现实生活中出现的错误很感兴趣，不仅通过公司平台，也通过和朋友聊天搜集决策失效的数据。只有通过对话，我才能知道错误决策如何酿成生活中的错误。因为我经常捐款给我家附近的安养中心，所以有机会去拜访那里的长者，他们很信任我，也会给我讲他们的故事。

我在征得他们同意后录下了这些善良却贫困的长者的故事，前后录了10年，搜集了大约100个故事。我发现这些退休后善良却贫困的长者都曾经有过成功的机会，他们的决策错误莫名地让生活每况愈下。

克洛斯先生，他年轻时是军人，有很多引以为豪的事迹。他的背部在越战时受伤，后来被诊断为 30％ 的残疾率。因为背部时常疼痛，他不能做工，也不能在办公室久坐，所以很难找到高薪的工作。45 岁时，他领了退役军人补助，回到学校，并在 50 岁时取得商业学士学位。毕业后，他开始用积蓄和跟父母借来的钱投资股市。2001 至 2007 年间，他每年都会在股市赚一些钱，加上退役军人的伤残补助，生活还算过得去。

2008 年，他 56 岁，认为自己可以扩大投资，于是跟几位老战友借钱，答应会给他们很高的利息。不过美国股市在 2008 年 9 月崩盘，他意外被套牢。把钱从股市拿出来时，损失了 45％ 的本金。他看过《商业日报》《华尔街日报》的股市报道，以及摩根大通银行、高盛银行的专家分析之后，得到一个明确的信息，那就是股市会继续下跌。所以他将全部本金投回股市，做空指数基金，赌股市会继续下跌。他认为这个赌注稳赢，但出乎他的意料，股市短暂反弹。他所有的钱都没了，却留下了几笔还没跟朋友结清的债务。他开始断绝跟外界的联系，在街上过了几年流浪汉般的生活。后来靠一份微薄的社会救助金，才得以住在有政府补贴的安养中心。

亚当斯夫妇是一对可爱的夫妻。亚当斯先生本来是当地的成功商人，有工程学系的学士学位。他们大学毕业后结婚，生了一个儿子。他认真工作，每天连续工作 11 至 12 个小时，连周末都去上班。在太太的帮助下，他曾经开过一家小公司，替当地的建筑公司生产铁制品。事业很稳定，客户都很喜欢他。42 岁时，因为一家墨西哥铁制品公司的低价竞争，亚当斯先生的公司关门大吉。

几年后，亚当斯用积蓄开了一家新公司，销售美国生产的女性运动服饰。刚开始几年，公司运营得很好，后来因为几家同行低价竞争，使亚当斯先生公司的业绩急速下滑。于是他卖掉公司，用所有积蓄买了一家当地的加油站。前4年生意很好，直到1988年美国环保局要求亚当斯先生检查储油桶是否合格。检查后才发现储油桶已经漏油好多年，附近土壤全都受到污染。身为责任人，亚当斯先生必须花钱挖土、清除污染并更换储油桶。他负担不起，只能宣告破产。现在他和太太只能靠着每个月的社会救助金住在安养中心。

不知道自己无知的心态致使人生失败

这两个故事以及我搜集的100个故事都有一个共同点，那就是被自身缺点蒙蔽，这是不知道自己无知的心态。

克洛斯先生的缺点是过度自信，他对此却浑然不知。他把所有积蓄赔在股市，导致自己无家可归。

亚当斯先生的缺点是在事业上短视近利，而且被自己的缺点蒙蔽。第一次铁制品事业失败后，他没有自我反省，找出缺点并改善，而是投入另外两次因为同样原因失败的事业。简而言之，他因为先前的决策错误，忙得没有时间觉察出自己的无知。

图16–2表示富裕（或成功）人士和贫穷（或失败）人士的明日财富和今日财富曲线图。图中的财富指的是社会上的相对财富。如图16–2所示，中央线是一比一的比例线。保持在线上的人会持续拥

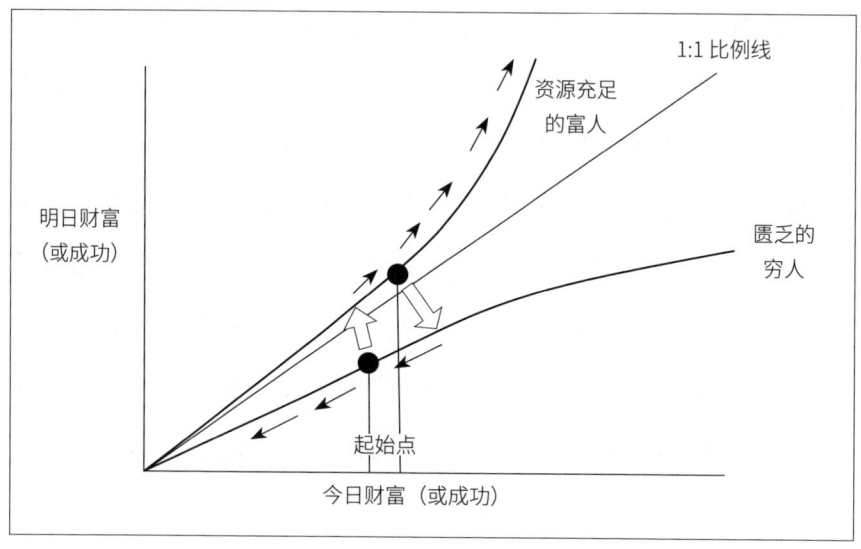

图 16-2　不知道自己无知的心态会影响贫富与成败

有财富。在稳定的社会里，多数人会在这条比例线上，代表他们的相对财富不会随着时间增减。也就是说，如果他们一开始是中产阶级，最后也会是中产阶级。

　　社会上的每个人因为家庭背景不同而有不同的起点，有些人很富裕，有些人几乎身无分文，多数人是中产阶级的一分子，起点便是中产阶级。

　　一般来说，资源匮乏的人会从较低的曲线开始，并且一直在这条线上。因为资源匮乏，所以他们会花更多时间来担心明日所需，几乎没有时间思考自己的缺点、未来，或是学习新技能来修正自己的缺点。他们不知道自己无知的心态会持续，并且变得越来越贫穷，经历越来越多的挫败。

比例线上方是富裕（或成功）人士的曲线。富裕的人资源充足，他们有足够的时间在做决策时思考未来和大方向。除此之外，因为资源充足，他们有时间和资源通过教育、自我学习、跟有经验的朋友学习等方式来取得知识，帮助自己看见未来，并看见大方向。于是他们能够摆脱不知道自己无知的心态，变得越来越富裕，犯的错误越来越少。

只有避免产生不知道自己无知的心态，并获取做决策所需的知识，才能从"穷人线"跳到"富人线"。好的开始是从时间管理开始，从每天单调的琐事中挤出时间，便能让资源匮乏的人受到更多教育或进行自我学习。如此一来，他们便有机会摆脱贫穷，渐渐变得富裕（或成功）。

许多名人出身贫寒，后来却赢得成功，如脱口秀女王奥普拉·温弗瑞（Oprah Winfrey）、星巴克创始人霍华德·舒尔茨（Howard Schultz）、时装设计师拉夫·劳伦（Ralph Lauren）、甲骨文公司创始人拉里·埃里森（Larry Ellison）、家得宝创始人肯·朗格尼（Ken Langone）、顶级龙舌兰酒 Patron 公司创始人约翰·保罗·德约里尔（John Paul DeJoria）、《哈利·波特》作者 J.K. 罗琳等。

举例来说，奥普拉小时候穿的是麻布袋，因为家里很穷买不起衣服。她和母亲生活在极度贫困中。现在，她的身价至少有 30 亿美元，而她是美国前 400 名富豪中唯一一位黑人女性。14 岁时，奥普拉搬去和父亲一起生活，并摆脱了资源匮乏时不知道自己无知的心态。她非常用功，努力成为模范学生，在纳什维尔附属中学读书时曾被票选为全班最受欢迎的女生。读大学时她拿到了奖学金，并通

过持续学习和努力让成功延续下去。她曾在一篇文章里提道："如果
要提升自己和创造新体验，我很确定老派方法管用：努力就是了。"

　　反过来看，也有许多名人从一时的富裕（或成功）跳进"穷
人线"并破产，如曾任纳斯达克主席的伯纳德·麦道夫（Bernard
Madoff）、现在已解散的血液检测公司 Theranos 创始人伊丽莎白·霍
尔姆斯（Elizabeth Holmes）等。他们一开始很富裕（或成功），但因
为只看重眼前利益并放纵自己，没有谨记大方向。他们也因为自身
缺点而决策失当，例如过度自信、盲目相信朋友或贪心等。

　　我们避免自己产生不知道自己无知心态的研究与奥普拉的方法
是一样的，通过努力可以摆脱短视与盲目。过程包含三个步骤：

　　步骤一：定义人生目标和策略。

　　步骤二：掌握这些策略所需的知识与技能。

　　步骤三：做决策时考量它们对目标和策略的利弊。

过度自信导致人生失败

　　2011 年，我在一堂零错误决策的基础培训课里，对一位快 30
岁的学员印象深刻。这位学员是一家制造公司的采购副经理，很会
提问题。课程最后，他举起手问我："邱博士，您讲到决策错误的影
响，以及我们不该被自己的缺点蒙蔽。请问不当决策中最常见的不
当心态是什么？"

　　其实我们的研究发现，所有个人的决策错误中，70％与过度自

信有关，而且我们的数据还显示，过度自信加上决策过程中的某一个错误，可能会带来无法挽回，甚至灾难性的结果。

有许多人因为过度自信与议价错误，导致被迫放弃好工作，而去从事不那么理想的工作；也有许多人因为过度自信加上风险分析错误，没有把单项弱点或叠加性弱点纳入考虑，结果在商业交易或婚姻上失利，甚至遭遇危险，赔上性命。

过度自信加上信息错误，可能会导致在信息不全面的情况下做出不当决策。过度自信加上没有做好质量检查与反省过去的错误，可能会使人不自觉地重蹈覆辙，亚当斯先生就是如此。

在研究如何避免过度自信心态的方法时，我们发现，因为过度自信导致的多数失策错误大都是在时间压力之下，或是牵涉新事物的决定。在这样的情况下，做决策前必须要问两个问题：

● 我知道的事情是否多到足以做决策？

● 我是否知道我的决策可能造成的最坏结果？

如果两个问题中有一个答案为"否"，就要向有经验的人求助，而且要采用零错误决策流程。

摆脱自己的无知

每个人都会犯错，如果可以意识到并改进自身缺点，就可以避免未来的许多错误。

在一堂培训课上，有学员问我有没有犯过错。当然，我曾经在年轻时因为过度自信有过失败的婚姻。我以为自己可以不用调整生活方式和时间分配，就可以兼顾极度繁忙的工作和婚姻生活。

不过我在这里想讲另一个例子。大约 30 年前，我用积蓄买下了一栋很好的房子，购置完房产后，还剩下很多钱。有一天，曾经跟我共事的工程师，也是我的理财专员，打电话建议我买进得州一家小型石油公司的股票，他们最近在自己的土地上发现了很大的油田。那时候我没有买过股票，只买过共同基金和债券。我没有分析风险或咨询了解股市投资的人，就把剩余的全部积蓄投进了股市。几个月后，当我确认自己的股票投资资产时，发现投进去的钱只剩下 26%。我打给理财专员，他说钻油的时候出了一点儿问题，不过公司信誓旦旦说这只是暂时的问题。理财专员建议我趁着这个低价的好时机抵押房产买进更多股票，我照做了。几个月后，那家公司破产了，我的股票资产、房子和太太对我的信心，全都没有了。

经过许多同类型的错误之后，我发现自己最大的错误心态就是盲从和不知道自己无知。因此，我提醒自己不要再掉进这两种错误心态的陷阱。10 年前，我开始在每天早晨自我检查要防范的错误，并在每晚检视自己差点犯下的错误，确认有没有需要改进的地方。

无决策错误最常见的原因是无知。在生活中，SWOT 的征兆会告诉我们该做什么事。忽略这些征兆会让人无法善用内在优势和外在机会，还会因为内在弱点和外在威胁而受伤。

因此，我建议每个人每天早上都要检视 SWOT 征兆、发展阻碍和单项弱点的征兆，这样才能在当天采取行动来应对已知的问题。生活中也一样，每个人都可以时常检视 SWOT 征兆、发展阻碍和单项弱点以避免错误，可以在一天开始前，把这件事当作待办事项。也可以时常在睡前反省，并分析一天中差点犯错的原因，借以改进自己的缺点。每次检视或反省不超过 5 分钟。

用多项前兆预测预防生活中的决策错误

生活中，我们会选错结婚对象、买错股票、进了没有前景的行业、在有风险的情况下受伤，或是谈了一笔很不好的交易。

有什么技巧可以预防这些生活中的决策错误？答案是：多项前兆预测分析。

如我们在第九章讨论过的，任何未来的新事件都会有多种前兆。前兆是新事件的必要发起因素或早期征兆。以一个失败的婚姻当例子，未来的新事件会发生，必然有一个或多个必要发起因素存在。从婚姻失败的理由来看，这些因素包括价值观和行为方式不契合；其中一方对婚姻有不当心态；其中一方想占另一方的便宜；不诚实和不忠。以不诚实和不忠为例，可以观察到必要因素的前兆会是对自己的过去不诚实、结交不诚实且不忠的朋友、结婚之前有过不忠行为。

因此，当察觉一项或多项前兆时，就很可能会发生失败的婚姻。前兆越多，婚姻因为不诚实和不忠而失败的概率就越大。

我们知道辨识、察觉和分析前兆可以预测生活中意外事件的到来。意外事件可能包括婚姻失败、选择夕阳产业、投资在不对的地方、进入容易受伤的高风险环境、谈无利可图的交易。

举个例子，我有个朋友正在热恋。他有一家科技公司，他和女友在慈善公益活动中相遇，进而相恋。交往一年后，他告诉我他们准备结婚，并且邀请我和太太前往，跟他们一起去阿斯本滑雪。在那趟旅行中，我注意到他未婚妻的中指有淡淡的焦疤，嘴唇上也有淡淡的焦疤。晚餐时，我这位朋友跟一位漂亮的服务生讲了几句话，他的未婚妻便情绪激动，开始跟他吵架。朋友告诉我，她在很小的时候被家暴过，不过现在已经走出阴影了。旅行结束后，朋友请我去参加婚礼祝福他，我告诉他，我觉得他的未婚妻并不是一个理想的结婚对象，婚后可能会酿成意外事故。我还告诉他，我有超过50%的把握断定她还在用毒品治疗曾经的心灵创伤。我对朋友说了两道焦疤的事，他未婚妻的这种行为必然是婚姻失败的前兆。此外，她非常没有安全感，甚至到了歇斯底里的程度。没有安全感也是婚姻失败的前兆。

朋友笑了笑，说我不了解她，她没有问题。滑雪之旅的几个月后，朋友为她准备了一场盛大的婚礼和 5 克拉的钻戒。不过好日子只维持了一年，最后他们离婚时闹得很不愉快。朋友后来告诉我，我的猜测很准确，他当初应该听我的话。

另一个例子是我在犹他州鹿谷的邻居，他是退休机师，想参加夏季越野自行车下坡赛。他也是我滑雪的朋友，滑雪技术跟我的一样平庸。他太太一跟我说这件事时，我就知道他误入歧途了。像越野自行车下坡这种高风险运动，有两个会导致受伤的因素：过度自信和反应速度慢。他的滑雪技术一般，却过度自信地想尝试要求反应速度更快的运动。他已经过了退休年龄，对于越野自行车下坡的反应会更慢。我把我的顾虑告诉他和他太太，试图劝他尝试其他夏季运动，如户外野跑等，但他拒绝接受我的建议。不出所料，两年后，我参加了他的丧礼，死因是某个夏季午后突然下雨，他骑单车时发生了意外。

预防教养决策失效

教人如何成为好父母的图书有成千上万本，但很难说哪个教养方法最好。美国一份针对中产阶级家庭的研究报告指出，从长期来看，支持式的教养方式会让孩子比较快乐。许多有信仰的家庭则相信宗教的教义能教出更好的孩子。

不同的说法和教养方法都有可能教出好孩子。那么长大后没有发挥所长，并且对社会没有正向贡献的坏孩子从何而来？

这些年来我们发现，撇开家庭差异，坏孩子是教养决策错误的结果。姑且不论家庭差异，教养错误是很常见的。除此之外，避免这些常见教养错误的方法也很常见，除了保障孩子的基本物质生活之外，还需要做到 3 项基本的教养工作：灌输价值观、建立标准与建立自信心。

价值观是一个人想要变好的外在欲望，例如热心助人、贡献社会等。标准是和价值观一致的行为准则，家规和父母言行就是最好的标准。好的言行举止很重要，孩子会观察与模仿。父母不好的言行举止会让孩子觉得不好的言行是可以接受的。举例来说，当父母向彼此说谎，小孩就会认为说谎也没有关系。建立自信心是让孩子从内心变得更有自信。这种自信与学习成绩或比赛得奖没有关系，而是让孩子有外在能力及内在能力改进自己的缺点。

我们发现多数父母的无决策错误远多于失策错误，他们会说出很多借口，例如"我忙着赚钱养家""我送孩子去学校学习就行""我们会去教会，小孩没问题的""有没有我，他们都会自己长得很好"等。

通常不作为的父母会犯下许多无决策错误。他们让孩子受朋友和家庭外的环境影响，而不是受自己的影响。如果他们结交好朋友，就会变好；如果他们交了坏朋友，就会变坏。

亲身教养的父母则会犯一些失策错误，虽然有这些错误，但他们的孩子通常会成长得比不作为的父母的孩子更好。根据统计数据，我们发现最常出现的失策错误在于建立自信心的方式错误。

建立自信心的目的

从我们的观点来看，建立自信心最好的方式就是帮助孩子成为零错误的成年人。虽然孩子很难理解预防思维错误的技巧，我们仍然可以协助他们建立好的基础，成为零错误成年人。

成为零错误成年人需要建立 4 个方面的基础：知道并且能够发挥自身的内在优势、知道并且能够改进自身的内在缺点、知道把握机会的重要性、知道察觉威胁的重要性。

父母的失策错误经常会体现在以下说法中：

"努力就好。"（只有努力是不够的，还要找对方法。）

"找个能赚钱的工作。"（而不是符合性格和兴趣的工作。）

"强尼的数学比你好。"（要赢过别人，而不是提升自己。）

"你全部都很好。"（孩子没有缺点。）

"他们可以那样只是运气好。"（优势和能力不足以成功。）

我们发现，要建立孩子的自信心，就要帮助他们发挥自己的内在优势，同时教他们懂得如何改正缺点、如何寻求机会，以及如何察觉即将到来的威胁。更重要的是，我们要给予他们健康的心态。

身为父母，我们要很谨慎，不能让孩子有不当心态。不要给予太多惩罚或太过保护，否则，孩子长大成人后便会落入错误心态的陷阱，如恐惧、盲从和无知。身为父母，我们应该依据孩子的性格和行为了解他们的不当心态。我们可以学习其他父母或学校的成功做法来帮助他们改善心态。方法如下：

1. 改掉盲从：让孩子对自己所学或所做的事情提出质疑，例如鼓励他们问问题："证据是什么？""要怎么证明？"

2. 改掉过度自信：鼓励孩子通过问问题来察觉风险，例如问他们："最糟的状况是什么？"

3. 改掉不知道自己无知：鼓励孩子课外学习；鼓励他们看得更远，例如问他们："长期下来，这样是好还是坏？""除了对自己好，有没有对大家都好？""有没有漏掉什么？"

4. 改善沉没成本谬误：鼓励孩子在小事上探索更好的方法，鼓励孩子多思考有没有更好的方法。

5. 改善选项只有二选一的陷阱：鼓励孩子想出两个以上的选项。当我们让孩子为例行事务做选择，例如早餐要吃什么、全家要去哪里玩等，给他们 3 个或 4 个选项。鼓励他们多问"有没有其他选择"？

6. 改掉自满：鼓励孩子时常比较今天和昨天、上个月或去年的自己有什么不同，称赞他有进步的地方，而不是以结果定论。

7. 改掉懒惰：鼓励孩子解决问题或替家里的问题找出解决方法，如向他征求意见："我们要怎么解决这个问题呢？"

8. 抛弃无知：鼓励孩子了解自己的优缺点、寻找机会、预测未来的威胁信号。鼓励他们经常自省："为什么我会犯同样的错误？""有没有其他机会可以帮我？""我如果……可能有什么问题？"

9. 克服恐惧：当孩子需要安慰时，应该陪在他们身边倾听和给予协助。鼓励孩子说出觉得不舒服或感到恐惧的地方；鼓励他们多参加活动，有助于减少他们对比赛的恐惧。

爱迪生的母亲是零错误家长的典范。爱迪生因为阅读障碍和过动倾向被学校认为学习缓慢而遭退学，他的母亲便让他在家学习，教导他如何克服自己的缺点，并鼓励他发挥好奇心去探索新事物。爱迪生 12 岁时，母亲帮他在地下室准备了一间化学实验室。爱迪生后来成为伟大的发明家，一生拥有千余项发明专利。

生活中如果没有做出好决策，一定会影响自己的健康、财富、心态和未来的发展。

本章练习

* 你是否曾因为过度自信和不知道自己无知而经历挫折？看完本章后，你会如何避免产生这样的心态？

* 你有根据 GIVE 检视团队合作吗？

* 了解孩子的优缺点才能帮他们发挥所长并改正缺点，你了解自己的孩子吗？

开始用零错误思维思考吧！

只要用零错误思维思考，并使用零错误方法，每个人都可以成为零错误决策者。

在零错误决策的课堂上，学员最常问我该怎么成为零错误的决策者？我都会跟他们说，每天做好自我检查和独立审查，也就是避免失策错误与无决策错误。用零错误方法培养的决策习惯，除了可以避免失策错误，还可以提前防范重大无决策错误。

零错误决策者每天早晨都会思考接下来或正在进行的决策中可能存在的 SWOT 情况和可能的单项弱点。正确的做法是，主动控管已知的单项弱点。傍晚反省自己在当天决策中所犯的错误。久而久之，早晨防范、黄昏自省的做法就能够使自身的缺点慢慢得到改善，并帮助自己达到零错误的状态。

阅读本书之前，读者可能以为零错误是永远不可能达到的境界，但根据我们的经验来看，只要掌握正确的方法，努力迈进，就会接近实现零错误目标。

现在，您已经看完这本关于零错误决策的入门书，也许对自己曾经犯下的决策错误和可能成因有所察觉。这是个好的开始。

读到不当的心态和个人决策错误的章节时，您可能会开始从重复犯的某类错误中找到了个人缺点，并开始思考改善方法。

读到根据 SWOT 征兆启动决策的章节时，您可能会开始寻找现存 SWOT 的征兆，并启动某些决策来应对。

读到信息错误的章节时，您可能会开始用信息搜集、确认、分析的方法来避免决策时接收到错误信息或假信息。

读到选项形成错误的章节时，您可能会开始思考如何用创新思维法来找出创新选项。

读到选项选择错误的章节时，您可能会开始用加权准则决策矩阵或谈判筹码来分析选项。

读到决策风险分析错误的章节时，您在推展决策路径时可能会开始思考发展阻碍、单项弱点和叠加性弱点。

读到质量检查错误和后续管理错误的章节时，您可能会开始思考如何对决策进行自我检查，并在执行过程中加以调整。

如果能够采纳我的建议，开始早晨防范、黄昏自省，可能会发现自己的决策错误逐渐变少了。本书的目的并不是兜售培训课程，我们知道不可能让全世界需要做出零错误决策的人都来上培训课程。撰写这本入门书的唯一目的，就是开启零错误文化。本书也许没有我们的零错误培训课程那么详细，但却能够把一些零错误的重要技巧分享给大家，让每个人从现在开始都可以减少决策错误。

> **能够将零错误付诸实践，才是真的零错误。**

读完本书，您现在可以想想有哪 3 个技巧可以直接应用。如果想了解更多细节，或是对零错误决策有更多建议，请与我们联系：info@errorfree.com。

作者简介

邱强

台湾清华大学学士，美国麻省理工学院核能博士、机械工程专业博士。25 岁时即用 8 个月的时间，以最高成绩获得麻省理工学院博士学位。是美国硅谷之外少数在年轻时就创业成功的华人，早年因出售个人创办的危机保险公司而成为亿万富翁。目前和家人生活在美国加州拉霍亚区。

30 多年来，带领以麻省理工学院专家为主的团队，研发出零错误思维，以及预防错误的 14 种方法，并在 1987 年成立零错误公司。他的团队曾处理超过 5000 件来自世界各地由人为错误及设备失效造成的重大危机。

零错误公司 100 多位专家建立了全球唯一也是最大的人为错误及设备失效数据库及知识库软件，结合 AI 技术，能够迅速找出人为错误及设备失效的症结。目前零错误已成为多个行业处理问题及预防错误的重要方法。

零错误技术已经成功帮助沃尔玛、爱克斯龙公司、法玛通等世界顶尖企业处理决策危机。同时，还为 20000 多名学员提供零错误培训，借此降低公司犯错的概率，提高企业运营成效及竞争力。

协力作者

安德鲁·卡代克博士（Dr. Andrew Kadak）

1967年取得麻省理工学院核能博士学位，现为麻省理工学院教授、零错误公司顾问。投入零错误技术的创新研发与应用逾50年，如零错误设计、设备故障排查流程、人因工程等。

詹姆·奥摩斯博士（Dr. Jaime Olmos）

1978年取得麻省理工学院核能博士学位，现为零错误公司顾问。投入零错误技术的创新研发逾40年，如多项模拟技术及预测模式、零错误决策相关的人工智能神经网络与信息不确定的深度学习、零错误决策及故障排除的数学模块。

杰弗瑞·桂博士（Dr. Jeffrey Quey）

1981年取得麻省理工学院核能博士学位，现为零错误公司顾问。投入企业数据、决策概率风险分析、意外风险分析、贝氏网络分析决策，以及人工智能风险判定等研发应用逾35年。